早わかり

連結納税制度の見直しQ&A

グループ通算制度の創設で何が変わる？

税理士法人トラスト
公認会計士・税理士
足立 好幸 著
YOSHIYUKI ADACHI

中央経済社

は じ め に

　令和2年度税制改正において，連結納税制度の見直しと新しい制度『グループ通算制度』の創設が実現することになりました。

　今回の見直しは，各法人で申告を行う個別申告方式，自社の修正・更正を他社に反映させない遮断方式，開始・加入時の取扱いの見直し，など現行制度と大きく変わる，というより，名称自体も変わるため，「連結納税制度の廃止」と「グループ通算制度の誕生」といった方が表現的には的を得ているのか？と思う反面，当然のように，損益通算・欠損金の通算は存在し，外国税額控除や研究開発税制についても政策的にグループ調整計算が存続することになったため，全体的に見ると，グループ通算制度も連結納税制度の延長にある制度であることがわかります。

　また，新制度への移行までに2年間の準備期間が設けられ，再び単体納税制度に戻ることも可能になるため，既に連結納税制度を採用している企業，これから連結納税制度を採用する企業，現在は連結納税制度に興味がない企業，それぞれに検討すべき論点が生じることになります。

　そこで，本書では，グループ通算制度の概要（税効果会計を含む）を連結納税制度と比較して解説するとともに，新制度に移行するか？　単体納税に戻るか，新旧どちらで開始するか？　加入・離脱のタイミングは？　の選択に係る実務上の留意点についても解説することにしました。

　なお，本書は，令和2年度税制改正の大綱と改正法案に基づき執筆しているため，本書を読んで自社に関係しそうな取扱いや論点については，今後，公表される法令又は実務対応報告で最終的な取扱いを必ず確認していただき，専門家の意見も参考にしつつ慎重に検討されることをお勧めいたします。

　最後に，本書を執筆する機会をいただき，企画から発行まで短期間で担当してくださった株式会社中央経済社の奥田真史氏に熱く深く感謝いたします。

2020年1月

税理士法人トラスト

税理士・公認会計士　足立　好幸

目　次

第3章　グループ通算制度の税効果会計———————*143*

第4章　グループ通算制度の有利・不利———————*171*

v

【本書における共通用語の定義】

　特段の断りのない限り，本書における次に掲げる用語は，それぞれ次の意味で使用している。

- ●現行制度：連結納税制度
- ●新制度：グループ通算制度
- ●大綱：令和2年度税制改正大綱
- ●改正法案：所得税法等の一部を改正する法律案（令和2年1月31日国会提出）
- ●専門家会合：政府税制調査会が連結納税制度を取り巻く状況の変化を踏まえた現状の課題や必要な見直しを議論するために平成30年11月7日に設置した「連結納税制度に関する専門家会合」をいう
- ●完全支配関係：直接又は間接の100％の資本関係をいう。但し，連結納税制度及びグループ通算制度における完全支配関係とは，親法人から連鎖する内国法人のみで完結する100％の資本関係をいう
- ●支配関係：直接又は間接の50％超の資本関係をいう
- ●連結親法人事業年度：連結親法人の事業年度をいう
- ●連結事業年度：連結所得に対する法人税を課される連結事業年度，つまり，連結申告を行う事業年度をいう
- ●最初連結親法人事業年度：連結所得に対する法人税を課される最初の連結親法人事業年度，つまり，初めて連結申告を行う連結親法人の事業年度をいう
- ●最初連結事業年度：連結所得に対する法人税を課される最初の連結事業年度，つまり，連結親法人又は連結子法人が初めて連結申告を行う事業年度をいう

※本書は，2020年1月末現在の法令等に基づいて執筆しています。

凡例	法令及び会計基準等	最終改正日
法法	法人税法	平成31年 3 月29日 （法律第 6 号）
法令	法人税法施行令	令和元年 7 月12日 （政令第58号）
法規	法人税法施行規則	令和元年 7 月12日 （財務省令第17号）
法基通	法人税基本通達	令和元年12月18日 （課法 2 -33，課審 6 -19，査調 5 - 6 ）
連基通	連結納税基本通達	令和元年12月18日 （課法 2 -33，課審 6 -19，査調 5 - 6 ）
地法	地方税法	令和元年 6 月14日 （法律第37号）
地令	地方税法施行令	令和元年 9 月11日 （政令第102号）
地方法法	地方法人税法	平成30年 3 月31日 （法律第 7 号）
地方法令	地方法人税法施行令	平成31年 3 月29日 （政令第97号）
平成27年所法 等改正法附則	附則（所得税法等の一部を改正する法律）	平成27年 3 月31日 （法律第 9 号）
平成27年法令 改正法令附則	附則（法人税法施行令等の一部を改正する政令）	平成27年 3 月31日 （政令第142号）
平成27年地法 改正法附則	附則（地方税法等の一部を改正する法律）	平成27年 3 月31日 （法律第 2 号）
平成29年所法 等改正法附則	附則（所得税法等の一部を改正する法律）	平成29年 3 月31日 （法律第 4 号）
平成29年法令 改正法令附則	附則（法人税法施行令等の一部を改正する政令）	平成29年 3 月31日 （政令第106号）
税効果適用指 針	税効果会計に係る会計基準の適用指針（企業 会計基準適用指針第28号企業会計基準委員会）	平成30年 2 月16日

第 **1** 章

連結納税制度の概要
と見直しの背景

2

Q1-1 連結納税制度の概要

連結納税制度の概要を教えてください。

A ....

　連結納税とは，連結親法人及び連結子法人（100％国内子会社）がひとつの納税主体となり法人税の納税をする制度です。

　連結納税の特徴は以下のものになります。

> ① 連結親法人と連結子法人の所得及び欠損を合算（損益通算）すること。
> ② 連結親法人の繰越欠損金を連結子法人の所得と相殺できること。
> ③ 特定連結子法人の連結納税の開始・加入前の繰越欠損金は，その連結子法人の所得金額を限度として，連結欠損金として繰越控除できること。
> ④ 特定連結子法人に該当しない連結子法人（非特定連結子法人）は，連結納税の開始・加入時に特定の資産について時価評価が必要であること。
> ⑤ 非特定連結子法人は連結納税の開始・加入前の繰越欠損金が全額切り捨てられること。
> ⑥ 連結納税の対象は，法人税のみとなり，地方税は単体納税が適用されること。

　なお，連結納税の適用を受けようとする場合，その適用を開始しようとする連結事業年度開始日の3か月前の日までにすべての連結法人の連名で「連結納税の承認の申請書」を連結親法人の所轄税務署長経由で国税庁長官に提出する必要があります（法法4の3①）。

　連結納税特有の取扱いは以下のとおりです。

1 連結所得及び連結法人税の計算の仕組み

　連結納税における所得（連結所得）と法人税（連結法人税）は以下のように，グループ全体を計算単位として計算されますが，同時に個社ごとにも計算されます。

　そして，個社ごとの金額を個別帰属額といいます。

　また，加算・減算額，繰越欠損金の控除額，税額控除額の計算において，個社ごとに計算する項目（個社計算）とグループ全体で計算して個社に配分する項目（グループ調整計算）の2種類に分けられます。

　この場合，連結納税と単体納税の有利・不利が生じるのは，主にグループ調整計算の項目となります。

▶連結所得及び連結法人税の計算の仕組み

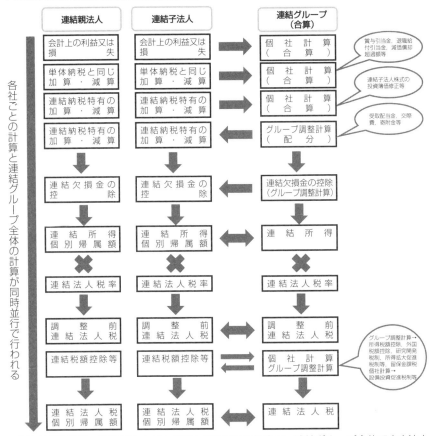

※1.連結納税では，連結親法人が中小法人に該当する場合に，連結グループ全体で中小法人
　　の特例措置（一部を除く）が適用されることになる。
※2.連結納税では，中小企業者向けの租税特別措置（一部を除く）について，連結親法人が
　　中小企業者（中小連結法人）に該当する場合に連結グループ全体で適用することが可能
　　となる（連結納税の適用除外事業者に該当する場合を除く）。

2 連結法人の範囲

　連結納税の対象となる法人の範囲は，国内のみで完結する完全支配関係のあ
る企業グループとなります（法法4の2，法令14の6①②③）。

　連結親法人は，国内のみで完結する完全支配関係のある企業グループの中で，
完全資本関係の頂点に立つ内国法人（普通法人又は協同組合等）となります。

4

したがって，他の内国法人等により発行済株式等の100％を保有されている法人（他の内国法人の100％国内子会社）は連結親法人に該当しません。

連結子法人は，連結親法人による完全支配関係にある全ての内国法人となります。

3 損益通算

連結納税では，各連結法人の所得及び欠損を通算して連結所得及び連結法人税を計算することになります（法法2十八の四，81，81の2）。

この場合，各連結法人の所得又は欠損に連結法人税率を乗じた金額が各連結法人に帰属すべき法人税（連結法人税個別帰属額）となります。

次のような計算例となります。

▶損益通算

	連結親法人 P	連結子法人 A	連結子法人 B	合　計 （連　結）
連　結　所　得	900	▲700	600	800
連　結　法　人　税 （２０％）	180	▲140	120	160

4 時価評価

連結納税では，連結納税の開始・加入時に，連結子法人がその有する資産を時価評価する必要があります。

具体的には，連結子法人は連結開始・加入直前事業年度（最後の単体納税事業年度）において一定の資産を時価評価し，その評価損益を益金又は損金に算入します（法法61の11①，61の12①）。

ただし，次に掲げる連結子法人（特定連結子法人）は時価評価を行う必要はありません（法法61の11①，61の12①）。

なお，連結親法人も時価評価を行う必要はありません。

［特定連結子法人の範囲］

連結納税開始時の特定連結子法人
① 株式移転で連結親法人を設立した株式移転完全子法人
② 長期保有（5年超）されていた連結子法人
③ グループ内の新設法人（連結親法人又は連結子法人により100％設立された連結子法人）
④ その他の連結子法人 　1）適格株式交換等による株式交換等完全子法人 　2）適格合併・適格株式交換等・適格株式移転に係る被合併法人等が長期保有（5年超又は設立日から保有）していた100％子会社で，その適格合併等により連結法人になったもの 　3）単元未満株の買取り等により100％保有となった子会社

連結納税加入時の特定連結子法人
① グループ内の新設法人（連結親法人又は連結子法人により100％設立された連結子法人）
② その他の連結子法人 　1）適格株式交換等による株式交換等完全子法人 　2）適格合併・適格株式交換等に係る被合併法人等が長期保有（5年超又は設立日から保有）していた100％子会社で，その適格合併等により連結法人になったもの 　3）単元未満株の買取り等により100％保有となった子会社

　また，時価評価の対象となる資産は，次に掲げる資産のうち，税務上の帳簿価額が1,000万円未満の資産及び評価損益が連結子法人の資本金等の額の2分の1又は1,000万円のいずれか少ない金額に満たない資産を除いたものとされています（法法61の11①，61の12①，法令122の12①，法基通12の3‐2‐8）。

- ●固定資産（前5年内事業年度で国庫補助金・工事負担金等の特例の適用を受けた減価償却資産を除く）
- ●土地（土地の上に存する権利を含み固定資産に該当するものを除く）
- ●有価証券（売買目的有価証券・償還有価証券を除く）
- ●金銭債権
- ●繰延資産

5 ┃ 連結欠損金

　連結欠損金は，連結グループ全体の欠損金額であり，翌連結事業年度以後10年間[注1]，控除前の連結所得の50％[注2]を限度として繰越控除が可能とな

6

ります（法法81の9①）。

　また，連結納税適用事業年度以後に発生した連結欠損金以外にも連結親法人又は特定連結子法人の連結納税開始・加入前の繰越欠損金などが連結欠損金とみなされます（法法81の9②）。

　連結欠損金の種類と控除制限をまとめると次のとおりです（法法81の9①②③）。

[連結欠損金の種類と控除制限]

種類	内容	自社所得の控除制限 （SRLYルールの適用）
非特定連結欠損金	①連結納税適用事業年度以後に発生した連結欠損金	控除制限はない※
	②連結親法人の開始前の繰越欠損金	控除制限はない※
	③一定の株式移転に係る株式移転完全子法人である特定連結子法人の一定の開始前の繰越欠損金	控除制限はない※
特定連結欠損金	④特定連結子法人の開始・加入前の繰越欠損金	特定連結子法人の所得を限度として使用可能※
	⑤連結法人を合併法人，連結法人以外の法人を被合併法人とする一定の要件を満たす適格合併が行われた場合の被合併法人の繰越欠損金	合併法人である連結法人の所得を限度として使用可能※
	⑥連結親法人との間に完全支配関係がある連結法人以外の他の内国法人の残余財産が確定した場合で一定の要件を満たす場合の当該他の内国法人の繰越欠損金	残余財産確定法人の株主である連結法人の所得を限度として使用可能※

※連結所得の50％を限度とする（連結親法人が中小法人等に該当する場合は100％）。

　また，連結欠損金は「連結欠損金個別帰属額」として各連結法人に配分され，連結法人ごとに残高が把握されることとなります（法法81の9⑥，法令155の21①③）。

（注1）　連結欠損金の繰越期間は，2018年3月31日以前に開始する連結事業年度において生じた連結欠損金額については9年になります（平成27年所法等改正法附則30①）。

（注2）　連結欠損金の控除限度割合は，連結親法人が中小法人等である場合，100％となります（法法81の9⑧）。

　上記のとおり，連結納税開始前に発生していた連結親法人の繰越欠損金は，

連結納税に持ち込むことが可能となります（法法81の9②）。

そして，連結納税適用以後，連結子法人の所得を含めた連結所得と相殺することが可能となります（法法81の9①③）。

また，連結納税開始・加入前に発生していた連結子法人の繰越欠損金は，連結子法人が特定連結子法人に該当する場合，連結納税に持ち込むことが可能となります（法法81の9②）。

そして，連結納税適用以後，その連結子法人の所得を限度として連結欠損金として相殺することが可能となります（法法81の9①③）。

この点，連結納税に持ち込んだ開始・加入前の繰越欠損金を自社の所得を限度にしか使用させない措置を「SRLYルール」といい，連結親法人の開始前の繰越欠損金には「SRLYルール」が適用されず，特定連結子法人の加入・開始前の繰越欠損金には「SRLYルール」が適用されることになります。

なお，特定連結子法人は，連結納税の開始・加入に伴う資産の時価評価の対象外となる法人と同一となります。

一方，特定連結子法人に該当しない連結子法人（非特定連結子法人）の開始・加入前の繰越欠損金は全額切り捨てられます。

連結親法人又は連結子法人の開始・加入前の繰越欠損金の使用について単体納税と比較した場合の計算例は下図のとおりです。

▶連結親法人の開始前の繰越欠損金の持込み

	親会社P社	A 社	B 社	C 社	単体納税	連結納税
税 前 利 益	▲100	1,000	600	700	持込み	2,200
連納開始前繰越欠損金残高	1,000	0	0	0		1,000
繰越欠損金当期控除額	0	0	0	0	連結所得の50%を限度	▲1,000
課 税 所 得	▲100	1,000	600	700		1,200
法 人 税 等（ 2 0 ％）	0	200	120	140	460	＞ 240

※単体納税の税金は，各法人を計算単位として計算した税金の合計（横計）である。
※P社は大法人に該当するものとする。

連結納税有利

▶連結子法人の開始・加入前の繰越欠損金の持込み

	親会社P社	A社	B社	C社	単体納税	連結納税
税 前 利 益	1,000	800	500	400	持込み	2,700
連納開始·加入前繰越欠損金残高	0	800	0	0		800
繰越欠損金当期控除額	0	自社所得の50%を限度 ▲400	0	0	①個別所得の100%を限度 ②連結所得の50%を限度	▲800
課 税 所 得	1,000	400	500	400		1,900
法 人 税 等（20％）	200	80	100	80	460 >	380

※単体納税の税金は，各法人を計算単位として計算した税金の合計（横計）である。
※P社とA社は大法人に該当するものとする。
※A社は特定連結子法人に該当するものとする。

連結納税有利

▶連結子法人の開始・加入前の繰越欠損金の切捨て

	親会社P社	A社	B社	C社	単体納税	連結納税
税 前 利 益	1,000	800	500	400	切捨て	2,700
連納開始·加入前繰越欠損金残高	0	800	0	0		0
繰越欠損金当期控除額	0	自社所得の50%を限度 ▲400	0	0		0
課 税 所 得	1,000	400	500	400		2,700
法 人 税 等（20％）	200	80	100	80	460 <	540

※単体納税の税金は，各法人を計算単位として計算した税金の合計（横計）である。
※P社とA社は大法人に該当するものとする。
※A社は特定連結子法人に該当しないものとする。

連結納税不利

6 連結子法人株式の投資簿価修正

　連結納税では，連結法人が他の連結子法人株式について，連結法人間の譲渡，評価替え，連結法人以外への譲渡など譲渡等修正事由が生じた場合，それを所有している連結法人が別表5の2(1)付表1＆付表2において当該他の連結子法人株式の帳簿価額の修正を行う必要があります（法令9①六・②③④，9の2①四・②③，119の3⑤，119の4①）。

　この場合，連結法人間の適格合併や連結法人間の適格分社型分割・適格株式

交換による他の連結子法人株式の譲渡等については，譲渡等修正事由から除かれます。

▶連結子法人株式の投資簿価修正

連結親法人が連結子法人株式を譲渡したとすると・・・・・

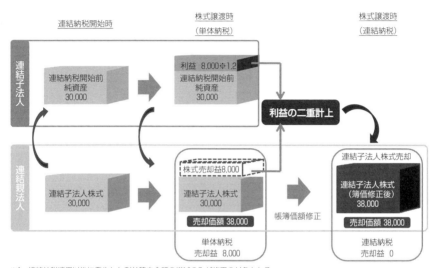

※1　連結納税適用以後に発生した利益積立金額の増減のみが修正の対象となる。
※2　連結納税適用以後に利益積立金額が減少した場合も上記の修正を行う。

7 受取配当金・寄附金・交際費等の所得調整（グループ調整計算）

　連結納税では，賞与引当金，退職給付引当金，減価償却超過額，減損損失，外国子会社の受取配当金など単体納税と同じ計算方法により個社ごとに計算する項目（個社計算）と受取配当金，寄附金，交際費などグループ全体で計算して個社に配分する項目（グループ調整計算）の2種類の所得調整を行うことになります。

　そして，連結納税では，グループ調整計算の項目について，単体納税と比較した有利・不利が生じることになります。

　なお，個社計算を行う外国子会社の受取配当金の益金不算入では，株式保有割合及び保有期間について，連結グループ全体で判定することになります（法法23の2①，法令22の4①）。

(1) 受取配当金の益金不算入

　受取配当金の益金不算入額は連結グループ全体を１つの計算単位として計算します。

　具体的には，株式等の区分は連結グループ全体の保有比率で判定を行い，関連法人株式等の負債利子の控除額の計算についても連結グループ全体で行うこ

[連結納税の受取配当金の益金不算入額の計算方法]

株式の区分	保有比率	定義	連結納税における留意点	連結グループの受取配当金の益金不算入額の計算方法※2
完全子法人株式	100%	配当の計算期間を通じて，連結法人との間に完全支配関係があった他の内国法人の株式をいう。	他の連結法人の株式は，期中取得など配当の計算期間を通じて完全支配関係がない場合を除いて，完全子法人株式に該当する。また，連結法人に該当しない場合でも，完全支配関係がある他の内国法人の株式は完全子法人株式に該当する。	連結グループ全体の受取配当の額 × 100%
関連法人株式	1/3超	配当の計算期間を通じて，連結法人（他の連結法人を含む）が他の内国法人の発行済株式（自己株式を除く）の1/3超を有する場合のその株式	配当の計算期間を通じて，他の内国法人の発行済株式の1/3超を有するかどうかは，連結グループ全体（連結法人合算）で判定する。	(連結グループ全体の受取配当の額 － 負債利子額※1)×100%
その他の株式	5%超	完全子法人株式，関連法人株式，非支配目的株式のいずれにも該当しない株式	－	連結グループ全体の受取配当の額 × 50%
非支配目的株式	5%以下	配当基準日において，連結法人（他の連結法人を含む）が他の内国法人の発行済株式（自己株式を除く）の５％以下を有する場合のその株式	配当基準日において，他の内国法人の発行済株式の５％以下を有するかどうかは，連結グループ全体（連結法人合算）で判定する。	連結グループ全体の受取配当の額 × 20%

※1.連結グループ全体で負債利子控除額を計算する。
※2.上記で計算した連結グループ全体の受取配当金の益金不算入額を，各連結法人の受取配当金の発生割合に基づき配分し，各連結法人の個別帰属額を計算する。

とになります（法法81の4，法令155の7～155の10の2）。

　そのため，株式等の区分や負債利子の控除額の計算において，受取配当金が生じていない連結法人においても，保有比率，負債利子，総資産の帳簿価額等を集計する必要があります。

　そして，その連結グループ全体の益金不算入額について，各連結法人の受取配当金の発生額の割合で配分計算を行い，各連結法人の個別帰属額を計算します（法令155の11）。

(2)　寄附金の損金不算入

　寄附金の損金不算入額の計算は連結グループ全体を1つの計算単位として計算します。

　具体的には，100％グループ法人間の寄附金（連結法人間の寄附金を含む）は全額が損金不算入となり（受贈益は全額が益金不算入となる），100％グループ外の法人への寄附金（指定寄附金を除く）は連結グループを一体として連結親法人の資本金等の額及び連結所得の金額を基礎に損金算入限度額を計算します（計算方法は単体納税と同じ。法法81の6，法令155の13～155の15）。

　そして，その連結グループ全体の損金不算入額について，各連結法人の寄附金の発生額の割合で配分計算を行い，各連結法人の個別帰属額を計算します（法令155の16）。

(3)　交際費の損金不算入

　交際費の損金不算入額の計算は連結グループ全体を1つの計算単位として計算します。

　具体的には，以下のように，連結親法人が中小法人に該当するかどうかにより，連結グループ全体で定額控除を利用できるかどうかが決まり，定額控除は連結グループ全体で1回しか利用できません（措法68の66）。

　そして，連結グループ全体の損金不算入額を各連結法人の交際費の割合（連結親法人が中小法人に該当しない場合は，交際費から接待飲食費の50％を控除した金額の割合）で配分計算を行い，各連結法人の個別帰属額を計算します（措令39の95）。

[交際費の損金不算入額の計算]

連結親法人の判定	連結グループの交際費の損金不算入額
中小法人	次の❶又は❷とする。ただし，大法人と同様の計算式による金額を損金不算入額とすることができる（選択制）。 ❶連結グループ全体の交際費の合計額が800万円以下の場合 ：0円 ❷連結グループ全体の交際費の合計額が800万円を超える場合 ：連結グループ全体の交際費の合計額−800万円
中小法人以外（大法人）	連結グループ全体の交際費の合計額−連結グループ全体の接待飲食費の合計額×50%

⑷ 法人税法上の中小法人の特例措置

　連結納税では，連結親法人が中小法人(注1)に該当する場合に，連結グループ全体で中小法人の特例措置(注2)が適用されることになります。(注3)

(注1)　「中小法人」とは，その事業年度終了日において資本金の額が1億円以下の法人（次に掲げる法人を除く）をいう（法法66⑥二・三）。
- 資本金が5億円以上の法人（大法人）の100％子法人
- 100％グループ内の複数の大法人に発行済株式の全部を保有されている法人

(注2)　中小法人の特例措置とは，以下のものをいう。
- 繰越欠損金又は連結欠損金の控除限度割合の100％特例（法法81の9⑧）
- 貸倒引当金の損金算入（法法52①②）
- 貸倒引当金の法定繰入率（措法68の59①）※1
- 交際費の損金不算入の800万円の定額控除（措法68の66②）
- 法人税の軽減税率の引下げ（法法81の12②，措法68の8①）※2
- 留保金課税の不適用（法法81の13①）
- 欠損金の繰戻還付（法法81の31①，措法68の98）

※1.連結納税の適用除外事業者に該当する場合，法定繰入率は適用できない。ここで，連結納税の適用除外事業者とは，2019年4月1日以後に開始する連結事業年度において，当連結事業年度開始日前3年以内に終了した各連結事業年度の連結所得の金額の年平均額が15億円を超える連結親法人及び連結子法人をいう（措法68の9⑧七）。

※2.連結所得の800万円を限度に適用される法人税の軽減税率は，連結納税の適用除外事業者に該当しない場合，15％，適用除外事業者に該当する場合，19％となる。

(注3)　連結子法人について，貸倒引当金の損金算入は，連結親法人及びその連結子法人がともに中小法人に該当する場合に適用される。また，連結子法人について，貸倒引当金の法定繰入率は，連結親法人が中小法人（適用除外事業者を除く）

に該当し，その連結子法人が資本金1億円以下である場合に適用される。

8 外国税額控除・研究開発税制等の税額調整（グループ調整計算）

　連結納税では，設備投資促進税制（中小企業投資促進税制等）のように個社ごとに計算する項目（個社計算）と所得税額控除，外国税額控除，研究開発税制，所得拡大促進税制，留保金課税などグループ全体で計算して個社に配分する項目（グループ調整計算）の2種類の税額調整を行うことになります。

　そして，連結納税では，グループ調整計算（所得税額控除，外国税額控除，研究開発税制，所得拡大促進税制，留保金課税）について，単体納税と比較した有利・不利が生じることになります。

　例えば，外国税額控除と試験研究費の税額控除について，単体納税と比較した計算例は次のとおりとなります（法法69，81の15，地方法法12，地法53㉖，321の8㉖，措法42の4，68の9）。

　なお，個社計算する設備投資促進税制については，基本的に単体納税と同じ適用要件と計算方法になりますが，税額控除の限度額について連結法人税額と連結法人税個別帰属額の両方を考慮して計算する取扱いとなっています。

[外国税額控除の計算例]

2020年3月期		各社の外国税額控除額の計算			連結グループ全体		
		連結親法人P社	連結子法人A社	単体納税	連結親法人P社	連結子法人A社	連結納税
控除対象外国法人税の額	a	80,000	50,000	130,000	80,000	50,000	130,000
国外所得金額	b	300,000	400,000		300,000	400,000	700,000
国内所得金額	c	0	300,000		0	300,000	300,000
全世界所得金額	d=b+c	300,000	700,000		300,000	700,000	1,000,000
法人税額	e1=d*23.2%	69,600	162,400		69,600	162,400	232,000
地方法人税額	e2=e1*4.4%	3,062	7,145		3,062	7,146	10,208
国外所得割合	f=b/d,max90%	90%	57%				70%
法人税に係る外国税額控除限度額※1	g1=e1*f	62,640	92,568		69,600	92,800	162,400
地方法人税に係る外国税額控除限度額※1	g2=e2*f	2,755	4,072		3,062	4,083	7,145
道府県民税に係る外国税額控除限度額	h=g1*3.2/100	2,004	2,962		2,227	2,969	
市町村民税に係る外国税額控除限度額	i=g1*9.7/100	6,076	8,979		6,751	9,001	
外国税額控除限度額	j=g1+g2+h+i	73,475	108,581		81,640	108,853	

外国税額控除額	k=aとjのいずれか少ない方	73,475	50,000	123,475		80,000	50,000	130,000
繰越控除対象外国法人税額（翌3年間）	l=a-k>0	6,525	0	6,525		0	0	0

※1．連結外国税額控除限度額の個別帰属額＝連結外国税額控除限度額×連結法人の個別国外所得金額／連結法人の個別国外所得金額の合計
（注）個別国外所得金額はプラスの国外所得金額のみで計算する。

外国税額控除増加額 6,525

[試験研究費の税額控除額が増加するケース]

2020年3月期	各社の試験研究費の税額控除額の計算		連結グループ全体	
	連結親法人P社	連結子法人A社	単体納税	連結納税
中小企業者又は中小連結親法人	非該当	非該当		非該当
試験研究費	500,000	500,000		1,000,000
（うち，特別試験研究費）	0	0		0
比較試験研究費	550,000	100,000		650,000
増減試験研究費割合	-9.09%	400.00%		53.84%
税額控除割合	6.90%	14%		14%
税額控除限度額	34,500	70,000		140,000
個別所得金額	4,000,000	▲1,000,000		3,000,000
法人税額	928,000	0		696,000
限度割合（上乗せ除く）	25%	25%		25%
法人税額基準額（上乗せ前）	232,000	0		174,000
平均売上金額	50,000,000	30,000,000		80,000,000
試験研究費割合	1.00%	1.67%		1.25%
法人税額基準額（上乗せ金額）	0	0		0
控除限度となる法人税額基準額	232,000	0		174,000
税額控除額	34,500	0	34,500	140,000

税額控除増加額 105,500

　また，連結納税では，中小企業者向けの租税特別措置について，連結親法人が中小連結親法人（注4）に該当する場合に連結グループ全体で適用することが可能となります（設備投資促進税制の場合，対象となる連結法人が中小連結法人（注5）（適用除外事業者を除く）に該当する場合に適用することが可能となります（措法68の9④，68の15の6②）。
（注4）　中小連結親法人とは
　「中小連結親法人」とは，中小連結法人で適用除外事業者に該当しないもの又は農業協同組合等のうち，連結親法人であるものをいう（措法68の9④，68の15の6②）。
なお，適用除外事業者とは，2019年4月1日以後に開始する連結事業年度において，当連結事業年度開始日前3年以内に終了した各連結事業年度の連結所得の金額の年

平均額が15億円を超える連結親法人及び連結子法人をいう（措法68の9⑧七）。
（注5）　中小連結法人とは

　連結親法人が次に掲げる法人である場合のその連結親法人又はその連結子法人（資本金1億円以下のものに限る）をいう（措法68の9⑧六，68の11①，措令39の39⑪，39の41①）。

①　資本金の額が1億円以下の法人

　　ただし，次に掲げる法人を除く。

| 一 | 同一の大規模法人に発行済株式（自己株式を除く）の1／2以上を所有されている法人 |
| 二 | 複数の大規模法人に発行済株式（自己株式を除く）の2／3以上を所有されている法人 |

また，「大規模法人」とは以下の法人をいう。

イ	資本金の額が1億円を超える法人
ロ	資本又は出資を有しない法人のうち，常時使用する従業員の数が1,000人を超える法人
ハ	資本金が5億円以上の法人（大法人）の100％子法人
二	100％グループ内の複数の大法人に発行済株式の全部を保有されている法人

②　資本又は出資を有しない法人のうち，常時使用する従業員の数が1,000人以下の法人

16

 Q1-2 連結納税制度における地方税の取扱い

連結納税制度の地方税の取扱いを教えてください。

A ··

1 連結納税における地方税の計算の仕組み

連結納税を採用している場合でも，住民税及び事業税は，各連結法人を計算単位として申告・納付を行うことになります。

その意味で単体納税と同じであるといえますが，住民税（法人税割）の課税標準は連結法人税の個別帰属額を基礎に計算し，事業税（所得割）の課税標準は連結所得の個別帰属額（個別所得）を基礎に計算することになるため，あくまで連結確定申告書の数値を課税標準として利用することになります（地法23①四の二・四の三，292①四の二・四の三，72の23①二）。つまり，地方税を単

【連結納税の住民税の計算の仕組み】

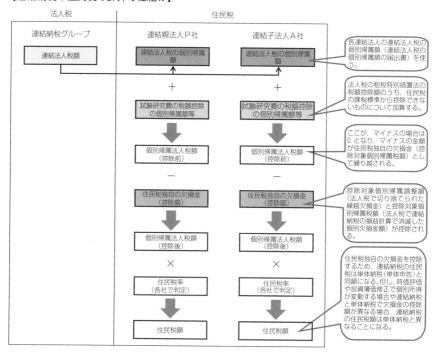

体納税と同様に計算するために，連結納税の法人税とは別に決算を行う必要は
ありません。

　具体的には，連結納税における住民税の計算の仕組みは左図のとおりとなり
ます。

　上記より，住民税は，基本的に単体納税と同じ計算の仕組みになりますが，
住民税でやっかいなのは，住民税独自の欠損金として，「控除対象個別帰属調
整額」と「控除対象個別帰属税額」の控除が生じることです。

　次に，連結納税における事業税の計算の仕組みは以下のとおりとなります。

【連結納税の事業税の計算の仕組み】

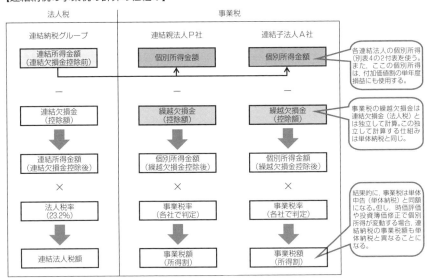

　上記より，事業税は単体納税と同じ計算の仕組みであり，住民税ほど，連結
納税に振り回されず済んでいるといえます。

2 ┃ 住民税の計算

(1)　住民税額の計算方法

　連結納税における住民税額の計算方法は以下のとおりです。

18

[連結納税における住民税額の計算方法]

> 住民税額 ＝ ｜個別帰属法人税額 － （控除対象個別帰属調整額 ＋ 控除対象個別帰属税額）｜
> × 住民税率

⑵　控除対象個別帰属調整額とは？

　控除対象個別帰属調整額は，以下のように計算されます（地法53⑤⑥，321の8⑤⑥）。

> | 控除対象個別帰属調整額 | ＝ | 連結納税開始・加入により切り捨てられた法人税の繰越欠損金 | × | 法人税率 |

　これは，法人税で連結納税開始・加入時に切り捨てられた繰越欠損金を住民税で復活させるものとなります。

　つまり，法人税で連結納税開始・加入前の繰越欠損金が切り捨てられてしまった場合でも，住民税では単体納税が継続しているのと同じ状態（税額）にしたいため，切り捨てられた繰越欠損金を住民税独自の欠損金（控除対象個別帰属調整額）として住民税の課税標準から控除できる仕組みにしています。

　この場合，住民税の課税標準である法人税額（所得金額×法人税率）から控

【ケース1（単体納税を採用する場合）】

（前提）　子法人A社に繰越欠損金がある。なお，繰越欠損金の控除限度割合は100%とする。

前期			親法人（P社）	子法人（A社）	合計
法人税	繰越欠損金（A社） 1,000	個別所得（控除前）	3,000	1,000	-
		繰越欠損金（控除額）	0	▲1,000	-
		個別所得（控除後）	3,000	0	-
		法人税率	23.2%	23.2%	
		法人税額	696	0	696
住民税		法人税額	696	0	-
		住民税率	10.4%	10.4%	
		住民税額（法人税割）	72	0	72

【ケース2（連結納税を採用する場合）】

（前提）　連結子法人A社の連結納税開始前の繰越欠損金が切り捨てられるものとする。

前期 （連結納税開始時）		連結親法人 （P社）	連結子法人 （A社）	合計
法人税	連結所得（控除前）	3,000	1,000	4,000
繰越欠損金（A社）1,000　切捨て ×	連結欠損金	0	0	0
	連結所得（控除後）	3,000	1,000	4,000
	法人税率	23.2%	23.2%	23.2%
	連結法人税額	696	232	928

単体納税(ケース1)より法人税は税額が増加する！

住民税で復活！（23.2%を乗じる）

前期		連結親法人（P社）	連結子法人（A社）	合計
住民税	個別帰属法人税額（控除前）	696	232	-
控除対象個別帰属調整額（A社）232	控除対象個別帰属調整額（控除額）	0	▲232	-
	個別帰属法人税額（控除後）	696	0	
	住民税率	10.4%	10.4%	
	住民税額(法人税割)	72	0	72

単体納税(ケース1)と住民税の税額は同じになる！

除することになるため，切り捨てられた繰越欠損金に法人税率を乗じて計算することにしています。

　上記の【ケース1】と【ケース2】を比較すると，法人税で連結納税開始・加入時に切り捨てられた繰越欠損金について，住民税で控除対象個別帰属調整額として復活させることにより，住民税は，単体納税が継続している場合と同じ税額になるのがわかります。

　この控除対象個別帰属調整額は、切り捨てられた繰越欠損金の発生事業年度の翌事業年度以後10年（2018年3月31日以前に開始した事業年度において生じた繰越欠損金については9年）繰り越すことができます（地法53⑤，321の8⑤，平成27年地法改正法附則1九の二・7④・16⑤）。

　また，大法人は所得金額の50％を限度としてしか控除できない法人税の繰越

欠損金と異なり，控除対象個別帰属調整額は個別帰属法人税額（控除前）の100%を限度として控除することができます（地法53⑤，321の8⑤）。

⑶　控除対象個別帰属税額とは？

　控除対象個別帰属税額は，以下のように計算されます（地法53⑨，23①四の三，321の8⑨，292①四の三）。

$$
\begin{array}{c}
\text{控除対象個} \\
\text{別帰属税額}
\end{array}
=
\begin{array}{c}
\text{法人税で連結納税の損益通算により} \\
\text{消滅した個別欠損金額}
\end{array}
\times
\begin{array}{c}
\text{法人税率}
\end{array}
$$

　これは，法人税で連結納税の損益通算で消滅した個別欠損金額を住民税で復活させるものとなります。

　つまり，連結法人で生じた欠損金額（赤字）について，法人税では，連結納税の損益通算により他の連結法人の所得金額（黒字）と相殺されて消滅してしまった場合でも，住民税では単体納税が継続しているのと同じ状態（税額）にしたいため，法人税で損益通算により消滅した個別欠損金額を住民税独自の欠損金（控除対象個別帰属税額）として住民税の課税標準から控除できる仕組みにしています。

【ケース3（単体納税を採用している場合）】

（前提）　子法人A社に繰越欠損金が生じる。なお，繰越欠損金の控除限度割合は100%とする。

前期

		親法人（P社）	子法人（A社）	合計
法人税	個別所得（控除前）	3,000	▲1,000	-
	繰越欠損金（控除額）	0	0	-
	個別所得（控除後）	3,000	0	-
	法人税率	23.2%	23.2%	-
	法人税額	696	0	696
住民税	法人税額	696	0	-
	住民税率	10.4%	10.4%	-
	住民税額（法人税割）	72	0	72

繰越欠損金（A社）　1,000

当期

		親法人（P社）	子法人（A社）	合計
法人税	個別所得（控除前）	3,000	1,000	-
	繰越欠損金（控除額）	0	▲1,000	-
	個別所得（控除後）	3,000	0	-
	法人税率	23.2%	23.2%	-
	法人税額	696	0	696
住民税	法人税額	696	0	-
	住民税率	10.4%	10.4%	-
	住民税額（法人税割）	72	0	72

【ケース4（連結納税を採用している場合）】

（前提）　連結子法人A社に欠損金額が生じる。

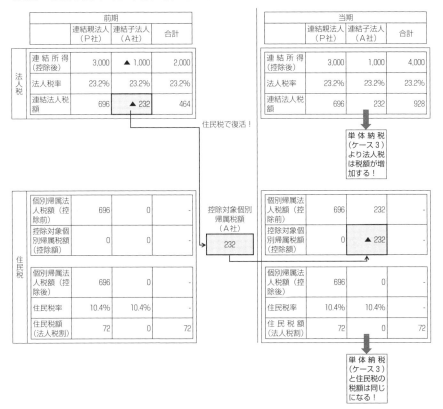

　この場合，住民税の課税標準である法人税額（所得金額×法人税率）から控除することになるため，消滅した個別欠損金額に法人税率を乗じて計算することにしています。

　上記の【ケース3】と【ケース4】を比較すると，法人税で損益通算により消滅した個別欠損金額について，住民税で控除対象個別帰属税額として復活させることにより，住民税は，単体納税が継続している場合と同じ税額になるのがわかります。

　この控除対象個別帰属税額は，法人税で消滅した個別欠損金額の発生事業年度の翌事業年度以後10年（2018年3月31日以前に開始した事業年度において生

じた個別欠損金額については9年）繰り越すことができます（地法53⑨，321
の8⑨，平成27年地法改正法附則1九の二・7④・16⑤）。

　また，大法人は所得金額の50％を限度としてしか控除できない法人税の繰越
欠損金と異なり，控除対象個別帰属税額は個別帰属法人税額（控除前）の
100％を限度として控除することができます（地法53⑨，321の8⑨）。

3 事業税の計算

⑴　事業税額の計算方法

　連結納税における事業税額（所得割）の計算方法は以下のとおりです。

［連結納税における事業税額の計算方法］

事業税額（所得割）＝（個別所得金額 − 事業税の繰越欠損金）× 事業税率（所得割）

⑵　法人税と事業税の繰越欠損金の取扱い

　事業税の繰越欠損金は，単体納税を採用している場合も，連結納税を採用し
ている場合も，元々，法人税の繰越欠損金とは区別して計算されることになっ
ていますが，その取扱いは，法人税の単体納税の繰越欠損金の取扱いが準用さ
れることになります（地法72の23①②④⑤，地令20の3①②③）。

　そのため，単体納税を採用している場合，法人税の繰越欠損金の取扱いを検
討することが，そのまま事業税の繰越欠損金の取扱いを検討していることにな
るため，実務上，法人税と事業税の繰越欠損金を別々に検討することはほとん
どありません（ただし，申告書上，法人税では別表7⑴，事業税は第6号様式
別表9において，発生額，控除額，繰越額の計算を区別して行うことになりま
す）。

　しかし，連結納税においては，法人税の繰越欠損金は連結欠損金となるため，
連結欠損金と事業税の繰越欠損金（＝法人税の単体納税の繰越欠損金）の取扱
いは異なることになり，事業税の繰越欠損金について，連結欠損金とは区別し
て独自に検討されることになります（地法72の23①②④⑤，地令20の3②③。
申告書上，法人税は別表7の2関係，事業税は第6号様式別表9において，発
生額，控除額，繰越額の計算を区別して行うことになります）。

Q1-3　連結納税制度の見直しの背景

連結納税制度の見直しの背景を教えてください。

A

　連結納税は，企業グループ全体を一つの納税単位として，企業グループ内の損益を通算できる納税制度であり，平成14年度の創設以来，企業グループの事業再編を後押しするとともに，企業グループの一体的経営を進展させ，国際競争力を強化させるために有効に活用されてきました。

　その一方で，現行制度は各法人の税務情報を連結グループ内で集約し，一体としてまとめて申告するとともに，各法人の個別帰属額を記載した書類も提出することとなっているため，所得計算及び税額計算が煩雑になるうえ，連結法人間での連絡・調整手続も煩雑で，特に，税務調査が行われた後の修正申告又は更正・決定（以下，「修更正」という）に時間がかかり過ぎるという実務上の問題が生じています。

　そこで，政府税制調査会は，連結納税制度を取り巻く状況の変化を踏まえた現状の課題や必要な見直しを検討するため，平成30年11月7日に「連結納税制

検討に当たっての視点

　連結納税制度の適用実態やグループ経営の実態を十分に把握した上で、完全支配関係にある企業グループ内における損益通算を可能とする基本的な枠組みは維持しつつ、制度の簡素化や中立性・公平性の観点から以下の方向で検討を行う。これにより、企業がより効率的にグループ経営を行い、競争力を十分に発揮できる環境を整備する。

✓ **事務負担の軽減を図る観点からの簡素化**
- 企業の事務負担の軽減を図る観点から、グループ経営の実態も踏まえ、連結グループを一つの納税単位とする現行の制度の在り方（申告・納付の方法）や、連結固有のグループ調整計算の要否、修正や更正の場合の企業や課税庁の事務負担の軽減等について検討する。

✓ **グループ経営の多様化に対応した中立性・公平性の観点からの見直し**
- 上記の簡素化を通じ、企業グループの事務処理能力の差が連結納税の選択に与える影響を最小化し、同様の経営を行っている企業グループ間での課税の中立性・公平性を確保する。
- また、連結グループと合併等の組織再編を行った企業とで、課税の中立性が確保されるよう、組織再編税制との整合性がとれた制度を目指す。その際、開始・加入時における時価評価課税・欠損金の持込制限については、租税回避防止の観点からも検討する。

［出典］財務省 説明資料〔連結納税制度について〕平成30年11月7日

度に関する専門家会合」（以下，「専門家会合」という）を設置し，その後，計 4 回の専門家会合を経て，令和元年 8 月27日の総会において現行の連結納税制度の見直しの基本的考え方と新たな制度（グループ通算制度）の基本的な仕組みについて取りまとめました。

そして，第 1 回専門家会合において，左記ような「検討に当たっての視点」を持って議論がスタートしています。

この「検討に当たっての視点」から，今回の連結納税制度の見直しの目的は 2 点であり，1 つ目は企業や課税庁の事務負担の軽減，2 つ目は連結納税制度の開始・加入と組織再編税制との整合性の確保，であることがわかります。

そのうち，今回の見直しの最大の契機は，税務当局が，連結法人の税務調査（修更正手続を含む）における事務負担の重さに耐えられなくなったことにあると推測されます。

わが国の連結納税制度は，連結グループを一つの納税単位として，連結法人すべての共同作業で申告書が作成されるという制度設計であるため，理論的な制度であるといえますが，研究開発税制や受取配当金の益金不算入制度などのグループ調整計算にすべての連結法人が巻き込まれ，1 社でも遅れると申告書の作成が滞り，さらに，1 社でも計算に誤りがあるとすべての連結法人の申告書及び税額にその影響が生じることになるため，連結納税の実務において，企業と税務当局の事務負担が半端なく重いものになっています。

そして，連結納税に係る事務負担の重さは，特に，税務当局において顕著であり，第 2 回専門家会合において，連結法人の税務調査が単体法人の税務調査に比較して，事務量が著しく多くなり，調査期間も長期間にわたることが報告されています。

この点，私も連結納税の税務調査に立ち会うことが多いですが，追徴される会社より，追徴する税務当局の方が事務作業に時間を要することが多く，気の毒に思うことがあるほどです。

その結果，昨今の連結法人の増加に相まって，税務当局の事務負担が限界に達したと推測されます。

なお，連結納税に係る事務負担の重さは，何も税務当局の税務調査に限ったことではなく，税制改正の都度，単体納税だけでなく，連結納税についても，条文の新設や見直しをしなくてはならない課税庁及び財務省においても日々感じていることと思われます。

現行制度における所得計算誤りがあった場合の影響（イメージ）

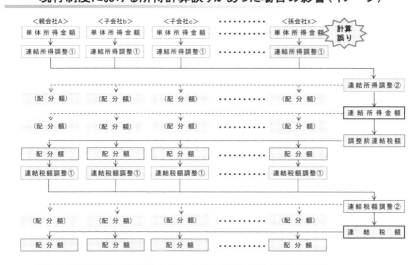

● 孫会社xが所得金額の計算を誤った場合、各社の個別帰属額を再計算する必要。

[出典] 財務省 説明資料〔連結納税制度〕平成31年2月14日

連結法人の調査事務の概要

> 連結法人の調査に当たっては、調査開始前から終了までの間、各部署間の連絡調整が必要
> 連結納税制度を適用していない法人（単体法人）に比し、連絡調整や調査結果を取りまとめた書類（決議書）の作成に事務量が必要

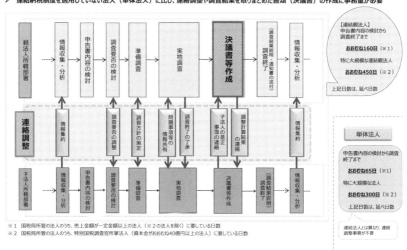

[出典] 国税庁 説明資料〔連結法人の管理・調査の状況〕平成31年2月14日

連結法人に係る後発的な修更正事由が生じた場合の影響

> 連結法人について、連結法人グループ内の1法人に後発的な修更正事由が生じた場合、当該連結法人グループ内の全法人を対象に、グループ調整計算を行う必要があることから、単体法人と比べて多くの事務量が必要

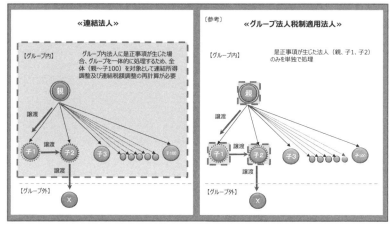

[出典] 国税庁 説明資料〔連結法人の管理・調査の状況〕平成31年2月14日

連結法人に係る決議書等の作成事務

> 連結納税制度は、複数の法人を一の法人とみなして申告・納税する制度であるため、連結法人グループ内の全法人に係る決議書等を作成する必要があり、単体法人と比べて多くの事務量が必要

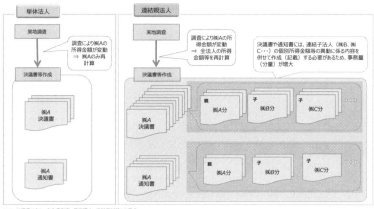

[出典] 国税庁 説明資料〔連結法人の管理・調査の状況〕平成31年2月14日

第 **2** 章

グループ通算制度
の基本的な仕組み

Q2-1　連結納税制度の見直しのポイント

連結納税制度の見直しはどのような方向性で行われています
か？

A ....

　連結納税制度に関する専門家会合（以下，「専門家会合」という）での議論
を経て，令和2年度税制改正大綱（以下，「大綱」という）において，現行の
連結納税制度の見直しと新たな制度（グループ通算制度）の創設が明記されま
した。

　今回の見直しの目的は，企業グループが連結納税制度を採用しない最大の理
由，具体的には，①事務負担の重さ（税額計算が煩雑であること及び税務調査
後の修正・更正等に時間がかかり過ぎること）と②開始・加入時の不利な取扱
い（開始・加入時に時価評価が必要となり，繰越欠損金が切り捨てられるこ
と）の2点を大胆に軽減することにあります。

　その一方で，連結納税制度を採用する動機となることが多い，親法人の開始
前の繰越欠損金を子法人の所得と相殺する取扱い（親法人にSRLYルールを適
用しない取扱い）について，それが消滅する点も大きな改正点であるといえま
す（連結納税制度からの持ち込みの場合，SRLYルールは適用されません）。

　また，研究開発税制と外国税額控除のグループ調整計算は存続することにな
ります。

　具体的には，次のような見直しが行われることになります。

（2－2）連結納税制度の見直し (法人税)

● 連結納税制度は、企業グループを一体とみて親会社と100％子会社の所得通算等を行う制度。

● 事務負担の軽減等の観点から、**グループ内において損益通算を可能する基本的な枠組みを維持**しつつ、**親会社、完全子会社のそれぞれが申告・納税を行う「グループ通算制度」に見直し**を行う。

● この際、機動的な事業再編を後押しするため、**グループへの加入時の時価評価課税や繰越欠損金の切捨ての対象を縮小する**などの見直しを行う。
また、グループ経営の実態に即した税制とするため、研究開発税制や外国税額控除等、グループ一体で活用されるべき税制措置の取扱いや、**既存の連結納税適用グループの親会社繰越欠損金の取扱いは維持**する。

改正概要

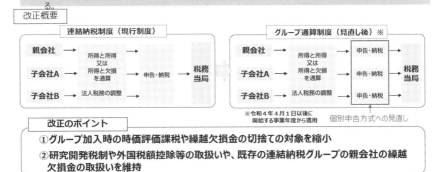

改正のポイント

①グループ加入時の時価評価課税や繰越欠損金の切捨ての対象を縮小

②研究開発税制や外国税額控除等の取扱いや、既存の連結納税グループの親会社の繰越欠損金の取扱いを維持

［出典］令和 2 年度（2020年度）経済産業関係 税制改正について（令和元年12月 経済産業省）

（参考）グループに加入する際の時価評価課税や繰越欠損金の切捨てについて

● 現行制度では、適格株式交換等の場合を除き、完全子会社化してグループに加入する場合には、原則、加入会社の土地等の時価評価課税を行うとともに、繰越欠損金を切捨てることとなる。

● 機動的な事業再編を円滑化する観点から、加入時の時価評価課税や繰越欠損金の切り捨ての対象を縮小する。

グループ加入時に時価評価課税等の対象外となる類型の例

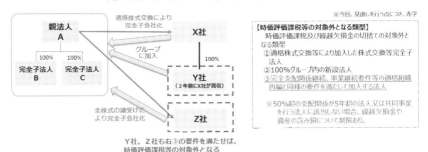

［出典］令和 2 年度（2020年度）経済産業関係 税制改正について（令和元年12月 経済産業省）

（参考）グループ調整計算について

- 現行の連結納税制度において、研究開発税制や外国税額控除等については、連結グループ全体で計算している（「グループ調整計算」）。
- グループ通算制度においても、効率的なグループ経営を促進する観点から、それらについて引き続き同様の取扱いを行う。

連結納税制度の見直しの意義

- 連結納税制度の適用実態やグループ経営の実態を踏まえた上で、事務負担の軽減を図るための簡素化やグループ経営の多様化に対応した中立性・公平性の観点から見直しを行うことにより、日本の企業がより効率的にグループ経営を行い、競争力を十分に発揮できる環境を整備することができると考えられる
  （政府税制調査会 連結納税制度に関する専門家会合報告書(R1.8.27)より抜粋）

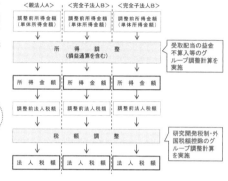

[出典] 令和2年度（2020年度）経済産業関係 税制改正について（令和元年12月 経済産業省）

Q2-2　連結納税制度とグループ通算制度の比較

グループ通算制度の基本的な仕組みについて，連結納税制度
と比較して教えてください。

A　..

　Q2−1を踏まえ，大綱及び改正法案で示された『グループ通算制度』の基本的な仕組みについて，『連結納税制度』と比較すると以下のようにまとめられます。

	連結納税制度 （現行制度）	グループ通算制度 （新制度）
適用法人	内国法人である親法人と，その親法人による完全支配関係にある全ての子法人（外国法人等を除く）	適用法人は，青色申告の承認を前提とする点を除き，基本的に連結納税制度と同様とする。
納税主体	●親法人が納税義務者として法人税の申告を行う。 ●各子法人に連帯納付責任がある。	●親法人及び各子法人が法人税の申告を行う。 ●親法人及び各子法人には，通算グループ内の他の法人の法人税について連帯納付責任がある。
申告方法	一体申告方式	個別申告方式
事業年度	税務上の事業年度は，親法人の事業年度に統一する。	●税務上の事業年度は，連結納税制度と同様に，親法人の事業年度に合わせた事業年度とする。 ●開始，加入，離脱のみなし事業年度について，次の見直しを行うほか，連結納税制度と同様とする。 ① 事業年度の中途で完全支配関係を有することとなった場合の加入時期の特例について，翌会計期間の開始日に加入したものとしてみなし事業年度を設定できる措置を加える。 ② 離脱法人の離脱日に開始する事業年度終了の日を親法人の事業年度終了の日とする措置を廃止する。

損益通算及び欠損金の通算	可能。 ●連結グループの所得金額及び欠損金額を合算して連結所得金額を計算する。 ●連結欠損金は連結グループ一体で利用する。 ●欠損法人の欠損金額及び連結欠損金個別帰属額を所得法人に移転する（プロラタ方式で所得法人に配分計算する）という仕組みではない。	可能。 ●欠損法人の欠損金額の合計額を所得法人の所得金額の比で配分するプロラタ方式を採用する。 ●欠損金の繰越控除額の計算は，基本的に連結納税制度と同様とする。 ●欠損法人の欠損金額及び繰越欠損金額を所得法人に移転する，という仕組みとなる。
開始・加入時の時価評価と繰越欠損金の切捨て	●親法人では時価評価は行われず，開始前の繰越欠損金は切り捨てられない。 ●子法人は特定連結子法人に該当する場合を除いて，時価評価が必要となり，開始・加入前の繰越欠損金が切り捨てられる。	●連結納税制度と組織再編税制の整合性を確保するため，開始・加入時の時価評価と繰越欠損金の取扱いについて，組織再編税制と同様の要件と利用制限を課す取扱いとする。 ●具体的には，親法人又は子法人について，開始・加入時に組織再編税制と同様の適格要件に該当しない場合，時価評価の対象になるとともに，開始・加入前の繰越欠損金が切り捨てられる。 ●また，時価評価の対象外となる親法人又は子法人であっても，一定の場合，開始・加入前の繰越欠損金が切り捨てられ，資産の含み損等の利用が制限される。 ●ただし，親法人との間（親法人にあっては，いずれかの子法人との間）に支配関係が5年超ある，又は，通算グループ内のいずれかの法人と共同事業性がある場合，開始・加入前の繰越欠損金の切捨て及び資産の含み損等の利用は制限されない。
SRLYルール	子法人の開始・加入前の繰越欠損金（特定連結欠損金）にはSRLYルールが適用されるが，親法人の開始前の繰越欠損金（非特定連結欠損金）は，SRLYルールが適用されない。	親法人及び子法人の開始・加入前の繰越欠損金（特定欠損金）にSRLYルールを適用する。 ※.SRLYルールとは，制度に持ち込んだ開始・加入前の繰越欠損金を自己の所得を限度にしか使用させない措置をいう。

投資簿価修正	適用。	適用。 ただし，次の制度に改組する。 ① 通算グループ内の子法人の株式の評価損益及び通算グループ内の他の法人に対する譲渡損益を計上しない。 ② 通算グループからの離脱法人の株式の離脱直前の帳簿価額を離脱法人の簿価純資産価額に相当する金額とする。 ③ グループ通算制度の開始・加入をする子法人で親法人との間に完全支配関係の継続が見込まれないものの株式について，株主において時価評価により評価損益を計上する。 (注)開始・加入後損益通算をせずに2か月以内に通算グループから離脱する法人については，上記①から③までを適用しない。
離脱	●離脱法人は，5年間再加入を認めない。 ●離脱法人はその資産を帳簿価額のまま持ち出すことができる。	●連結納税制度と同様に，通算グループから離脱した法人は，5年間再加入を認めない。 ●通算グループから離脱した法人が主要な事業を継続することが見込まれていない場合等には，その有する資産については，直前の事業年度において，時価評価により評価損益の計上を行う。
個別制度	受取配当金の益金不算入，寄附金の損金不算入，研究開発税制及び外国税額控除，所得税額控除，留保金課税等はグループ調整計算を行う。	●研究開発税制及び外国税額控除については，グループ全体で税額控除額を計算する（グループ調整計算を存続する）。 ●受取配当金の益金不算入，寄附金の損金不算入，留保金課税など他の個別制度については，個別計算を原則とする。
中小法人の判定	親法人の資本金の額により連結グループ内の全ての法人の判定を行う。	通算グループ内のいずれかの法人が中小法人に該当しない場合，通算グルー

		プ内の全ての法人が中小法人に該当しないこととする。
税率	親法人の適用税率による。中小法人の軽減税率の適用対象は連結所得金額のうち年800万円までとする。	通算グループ内の各法人の適用税率による。なお，中小法人の軽減税率の適用対象所得金額は，年800万円を所得法人の所得の金額の比で配分した金額とする。
電子申告	●親法人が資本金1億円超の場合，連結グループを一体として法人税の電子申告義務を課す。 ●電子申告の場合，親法人が個別帰属額届出書を一括提出することができる。	●グループ通算制度の適用法人には法人税の電子申告義務を課す。 ●親法人の電子署名により子法人の申告及び申請，届出等を行うことができることとするほか，ダイレクト納付についても所要の措置を講ずる。
地方税	●単体申告となる。 ●住民税の繰越欠損金が生じる。	現行の基本的な枠組みを維持しつつ，国税の見直しに併せて，所要の措置を講ずる。
包括的租税回避防止規定	包括的な租税回避防止規定（法法132の3）がある。	包括的な租税回避防止規定を設ける。
修正・更正の取扱い（税務調査）	グループ内の1法人で修正・更正が生じた場合，企業グループ内の他の法人の所得金額及び法人税額の計算に反映させる仕組み。	●修正・更正が生じた場合，損益通算できる損失等の額を当初申告額に固定することにより，通算グループ内の他の法人の所得金額及び法人税額の計算に反映させない（遮断する）仕組みとする。 ●例外的に，欠損金の繰越期間に対する制限を潜脱するため又は離脱法人に欠損金を持たせるためにあえて誤った当初申告を行うなど，法人税の負担を不当に減少させることとなると認められるときは，職権更正において，プロラタ方式で全体を再計算することができる。

Q2-3　個別申告方式

> グループ通算制度の個別申告方式とは，どのような所得金額及び法人税額の計算の仕組みになりますか？

A ....

　連結納税制度は「一体申告方式」を採用していますが，グループ通算制度では「個別申告方式」に変更されます。

　「一体申告方式」とは，企業グループ全体を一つの納税単位として一つの所得金額及び法人税額を計算して申告する方法をいいます。

　「個別申告方式」とは，企業グループ内の各法人を納税単位として各法人が個別に所得金額及び法人税額を計算して申告する方法をいいます。

　それに伴い，納税主体についても，現行制度のように，親法人が代表して法人税の申告を行うのではなく，新制度では，各法人が法人税の申告を行うことになります。

　この取扱いは，事務負担の軽減を図るための見直しであり，これによって，

現行制度における所得計算誤りがあった場合の影響（イメージ）

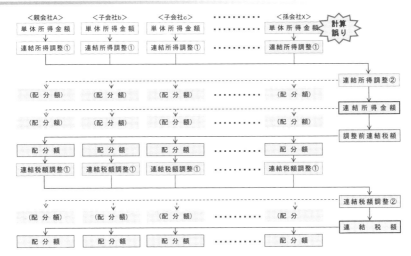

● 孫会社xが所得金額の計算を誤った場合、各社の個別帰属額を再計算する必要。

〔出典〕財務省 説明資料〔連結納税制度〕平成31年 2 月14日

36

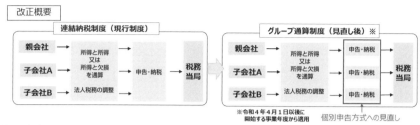

改正概要

［出典］令和2年度（2020年度）経済産業関係 税制改正について（令和元年12月 経済産業省）

グループ通算制度における
所得金額等の計算のイメージ

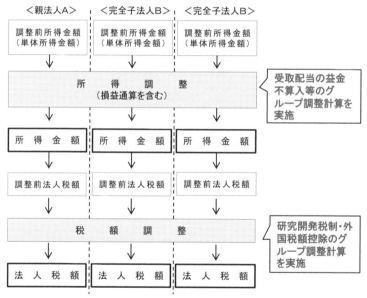

［出典］令和2年度（2020年度）経済産業関係 税制改正について（令和元年12月 経済産業省）

税額計算及び申告方法が簡素化され，各法人ごとに税務調査を行うことが可能となり，計算誤りがあった企業のみ修正・更正を行うことが可能となります。

また，他の項目の見直しも，この個別申告方式への移行に伴って生じているものが多く，その意味でも今回の出発点となる改正となります。

上記のように，連結納税制度は，グループ全体の合計数値である連結所得金額及び連結法人税額が計算される仕組みとなっています。

　この点，所得計算や税額控除について，グループ全体の数字の計算を行う別表として，「別表 4 の 2」「別表 5 の 2 (1)」などの番号付けの別表が用意されています。

　一方，グループ通算制度は，損益通算，欠損金の通算，研究開発税制，外国税額控除などグループ調整計算を行うものもありますが，グループ全体の所得金額及び法人税額は計算されず，あくまで各社の所得金額及び法人税額のみが計算される仕組みとなります。

Q2-4 グループ通算制度の選択と継続

グループ通算制度は，連結納税制度と同じように選択適用と継続適用になりますか？

A ....

　大綱では，「適用方法並びに承認の取消し及び適用の取りやめの方法について，次の見直しを行うほか，連結納税制度と同様とする。」とされています。

(1)　親法人の設立事業年度の翌事業年度からグループ通算制度を適用しようとする場合の承認申請期限の特例について，親法人がその資産の時価評価による評価損益を計上する必要がある場合及び設立事業年度が3か月以上の場合には適用できないこととする。

(2)　承認の却下事由に，備え付ける帳簿書類に取引の全部又は一部を隠蔽し又は仮装して記載し又は記録していることその他不実の記載又は記録があると認められる相当の理由があることを加える。

(3)　青色申告の承認を取り消された場合には，グループ通算制度の承認の効力を失うこととし，グループ通算制度固有の取消事由を設けないこととする。

　したがって，グループ通算制度も連結納税制度と同様に，単体納税制度との選択適用となります。

　また，原則として，継続適用となります。

Q2-5 適用法人の範囲

> グループ通算制度が適用される法人は，連結納税制度と異なりますか？

A ....

　連結納税制度では，内国法人である親法人と，その親法人による完全支配関係にある全ての子法人（外国法人等を除く）が適用法人となりますが，大綱では，グループ通算制度においても，「適用法人について，次の法人を除外するほか，連結納税制度と同様とする。」とされています。

(1)　青色申告の承認の取消しの通知を受けた日から同日以後5年を経過する日の属する事業年度終了の日までの期間を経過していないもの

(2)　青色申告の取りやめの届出書の提出をした日から同日以後1年を経過する日の属する事業年度終了の日までの期間を経過していないもの

　上記の改正点については，現行制度でも申請，承認，却下，取消し等について，青色申告と概ね同等の要件とされていることを踏まえ，個別申告方式とすることを契機として，適用法人の範囲を青色申告の承認を前提とする取扱いにしたものです。

　したがって，グループ通算制度においても，国内のみで完結する100％の資本関係にある企業グループが適用法人となり，その資本関係の頂点に立つ内国法人が「親法人」に該当し，その親法人の100％国内子会社が「子法人」に該当します。

Q2-6　事業年度

> グループ通算制度が適用される事業年度は，連結納税制度と同様に親法人の事業年度になりますか？

A　..

　大綱では，事業年度について，「適用法人の事業年度は，連結納税制度と同様に，親法人の事業年度に合わせたみなし事業年度とする。」とされています。

　したがって，グループ通算制度では個別申告方式になりますが，現行制度と同様に，親法人及び子法人は，親法人の事業年度に統一して申告・納付を行うことになります。

　つまり，子法人について，親法人と決算期が違っても決算期を変更する必要はありませんが，税務申告はあくまで親法人の会計期間に合わせて申告することになります（したがって，実務上は，2回の決算作業を避けるため，決算期変更をして親法人の会計期間に合わせることが一般的です）。

Q2-7　開始，加入，離脱のみなし事業年度

グループ通算制度において，開始，加入，離脱したときのみなし事業年度は連結納税制度と異なりますか？

A ....

　大綱では，「グループ通算制度の適用開始，通算グループへの加入又は通算グループからの離脱の際のみなし事業年度について，次の見直しを行う ほか，連結納税制度と同様とする。」とされています。

① 事業年度の中途で親法人との間に完全支配関係を有することとなった場合の加入時期の特例について，その完全支配関係を有することとなった日の前日の属する会計期間の末日の翌日を承認の効力発生日及び事業年度開始の日とすることができる措置を加える。
② 離脱法人の離脱日に開始する事業年度終了の日を親法人の事業年度終了の日とする措置を廃止する。

　まず，上記①の改正について，現行制度では，原則として，完全支配関係を有することとなった日を加入日としますが，加入時期の特例として，完全支配関係を有することとなった日の前日の属する月次決算日の翌日を加入日とすることができます。例えば，現行制度では，親法人及び加入子法人が3月決算である場合で，8月15日に完全支配関係が生じた場合，加入子法人のみなし事業年度は以下のとおりとなります。

❶ 原　則

申告期間	申告方法
X1年4月1日〜X1年8月14日	単体納税制度の申告
X1年8月15日〜X2年3月31日	連結納税制度の申告

❷ 加入時期の特例を適用する場合

申告期間	申告方法
X1年4月1日〜X1年8月31日	単体納税制度の申告
X1年9月1日〜X2年3月31日	連結納税制度の申告

[連結納税制度の加入子法人のみなし事業年度]

❶ 原則

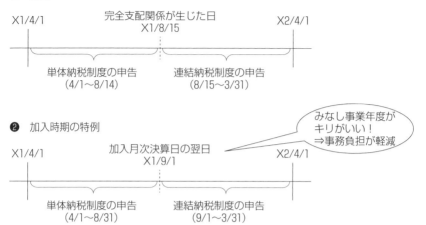

　グループ通算制度では，上記に加えて，加入子法人の翌会計期間の開始日を加入日とする加入時期の特例が追加されます。

❸　加入時期の特例（新設）を適用する場合

申告期間	申告方法
X1年4月1日～X2年3月31日	単体納税制度の申告
X2年4月1日～X3年3月31日	グループ通算制度の申告

[加入子法人のみなし事業年度（新設）]

❸　加入時期の特例（新設）

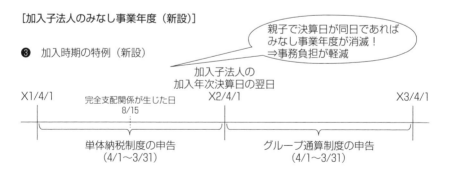

　この特例は，加入子法人の会計期間の末日の翌日を加入日とする特例であることに注意を要します（改正法案の法人税法第14条第8項）。つまり，上記の例のように，親子で決算日が同一であれば，みなし事業年度を設定する必要はありませんが，決算日が異なる場合（例えば，子法人の決算日が12月31日の場合）は，加入子法人の決算日の翌日（加入日）から親法人の事業年度終了日まで（1月1日から3月31日まで）の期間のみなし事業年度（通算申告）が設定されることになります。

　また，上記の例で，仮にX1年4月2日に完全支配関係が生じた場合，この新設された加入時期の特例を適用すれば，X2年4月1日まで，ほぼ1年間は通算グループに加入させないことができます（なお，現行制度と同様に，加入子法人の決算日の翌日に完全支配関係を有することとなった場合は，この新設された加入時期の特例は適用できません）。

　ただし，完全支配関係が生じた日以後に生じる欠損金額を損益通算できなくなること（繰越欠損金で持ち込めるかもしれませんが），最後の単体納税制度の申告で中小法人の特例措置が適用できなくなる場合があること，時価評価損益及び繰越欠損金の切捨ての金額が変わる可能性があることなど加入時期の特例の適用により不利益が生じるケースもあるため，注意が必要となります。

　また，新設される加入時期の特例を適用した場合で，加入年次決算日までに離脱した場合，現行の加入時期の特例のように加入そのものがなかったことになります（改正法案の法人税法第14条第8項第二号）。

　この追加される加入時期の特例を適用するためには，現行制度と同様に，加入子法人のこの特例を適用しなかった場合のみなし事業年度の申告期限となる日までに，親法人が所定の届出書を所轄税務署に提出する必要があります（改正法案の法人税法第14条第8項）。

　次に，上記②の改正については，親法人と子法人の決算日が異なる場合でも，離脱後，最初の事業年度を子法人の決算日までとする取扱いに変更するもので，こちらも会計の決算日に合わせられるため事務負担が軽減されることになります。

　例えば，親法人を3月決算，子法人を12月決算とし，8月15日に完全支配関係を有しなくなった場合の離脱子法人のみなし事業年度は以下のとおりとなります。

1 連結納税制度の場合

申告期間	申告方法
X1年 4 月 1 日～ X1年 8 月14日	単体納税制度の申告※
X1年 8 月15日～ X2年 3 月31日	単体納税制度の申告
X2年 4 月 1 日～ X2年12月31日	単体納税制度の申告

※ 連結法人の単体申告を行う。

2 グループ通算制度の場合

申告期間	申告方法
X1年 4 月 1 日～ X1年 8 月14日	単体納税制度の申告
X1年 8 月15日～ X1年12月31日	単体納税制度の申告
X2年 1 月 1 日～ X2年12月31日	単体納税制度の申告

[離脱法人のみなし事業年度]
1 連結納税制度の場合

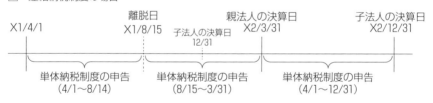

2 グループ通算制度の場合

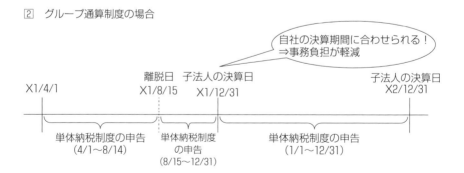

| Q2-8 | 損益通算 |

グループ通算制度における損益通算はどのような計算方法で行われますか？

A

　改正法案の法人税法第64条の5によると，グループ通算制度における損益通算の計算方法は以下のとおりとなります。

- 欠損法人の欠損金額の合計額（所得法人の所得の金額の合計額を限度）を所得法人の所得の金額の比で配分し，所得法人において損金算入する。
- この損金算入された金額の合計額を欠損法人の欠損金額の比で配分し，欠損法人において益金算入する。

　つまり，連結納税制度のように，連結グループの所得金額及び欠損金額を合算して連結所得金額を計算する仕組みではなく，グループ通算制度では，プロラタ計算により，欠損法人は欠損金額を所得法人に移転し，所得法人は欠損法人から欠損金額の移転を受ける，という計算の仕組みとなります。

　損益通算後の所得の金額又は欠損金額のグループ全体の合計額は同額となりますが，各法人の所得の金額又は欠損金額は異なることになります。

　改正法案で示された計算方法に従うと計算例は次のとおりとなります。

[図表1　損益通算の計算例（グループ全体で所得の金額が生じるケース）]
[連結納税制度の計算例]

	親法人P	子法人A	子法人B	子法人C	合　計（連　結）
所　　　得	500	100	▲50	▲250	300
法人税等（20％）	100	20	▲10	▲50	60

［グループ通算制度の計算例］

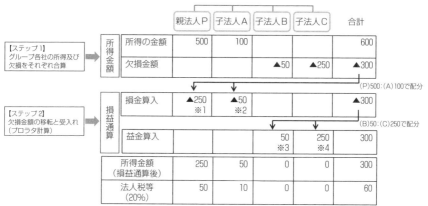

※1　欠損法人の欠損金額の合計額(50+250)×所得法人の所得の金額の比(500／(500+100))=250
※2　300×100／(500+100)=50
※3　所得法人の損金算入額の合計額(250+50)×欠損法人の欠損金額の比(50／(50+250))=50
※4　300×250／(50+250)=250

［図表2　損益通算の計算例（グループ全体で欠損金額が生じるケース）］
［連結納税制度の計算例］

	親法人P	子法人A	子法人B	子法人C	合　計 （連結）
所　　　得	250	50	▲500	▲100	▲300
連結欠損金 発　生　額	0	0	250 ※1	50 ※2	300
所　　　得 （　最　終　）	250	50	▲250	▲50	0
法　人　税　等 （２０％）	50	10	▲50	▲10	0

※1　連結欠損金 300× 欠損法人の欠損金額の比(500／(500+100))=250
※2　300×100／(500+100)=50

［グループ通算制度の計算例］

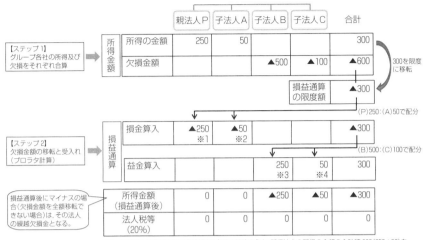

※1　欠損法人の欠損金額の合計額 600(500＋100)のうち，所得法人の所得の金額の合計額 300(250＋50)を
　　限度として所得法人に移転する。
　　欠損法人の欠損金額の合計額(所得の金額の合計額を限度)300×所得法人の所得の金額の比(250／(250
　　＋50))＝250
※2　300×50／(250＋50)＝50
※3　所得法人の損金算入額の合計額(250＋50)×欠損法人の欠損金額の比(500／(500＋100))＝250
※4　300×100／(500＋100)＝50

　なお，グループ通算制度では，親法人又は子法人^(注1)が開始・加入をする
場合，一定の期間において，開始・加入後の通算グループ内の欠損金のうち，
次のものが損益通算の対象外となる欠損金^(注2)となりますが，この損益通算
が制限される欠損金が生じる場合，当該欠損金はないものとして損益通算を行
います（改正法案の法人税法第64条の6第1項及び第3項）。

● 原価及び費用の額の合計額のうちに占める損金算入される減価償却費の額の
　割合が30％を超える場合の通算グループ内で生じた欠損金

● 通算グループ内で生じた欠損金のうち，支配関係発生前から有する資産の実
　現損から成る欠損金^(注3)

（注1）　時価評価の対象外となる法人に限る。また，親法人との間（親法人にあっ
　　ては，いずれかの子法人との間）に支配関係が5年超又は設立日からある場合，
　　又は，通算グループ内のいずれかの法人と共同事業性があるものを除く。

（注2）　損益通算の対象外となる欠損金は，その後，特定欠損金となる。

（注3）　支配関係発生後に新たな事業を開始した場合又は原価及び費用の額の合計
　　額のうちに占める損金算入される減価償却費の額の割合が30％を超える場合のい
　　ずれにも該当しない場合に限る。

48

Q2-9 欠損金の通算

グループ通算制度における欠損金の通算はどのような計算方法で行われますか？

A ··

　大綱によると，グループ通算制度における欠損金の通算の計算方法は以下のとおりとなります。

> グループ通算制度の適用法人の欠損金の繰越控除額の計算について，控除限度額は通算グループ内の各法人の欠損金の繰越控除前の所得の金額の50％相当額（中小法人等，更生法人等及び新設法人については，所得の金額）の合計額とし，控除方法は連結納税制度と同様とする。
> （注）更生法人等の判定は各法人について行うこととし，通算グループ内のいずれかの法人が新設法人に該当しない場合にはその通算グループ内の全ての法人が新設法人に該当しないこととする。

　まず，通算グループ全体の欠損金の控除限度額は，現行制度と同額となります。

　つまり，控除限度額は，通算グループが中小法人又は新設法人に該当する場合（注），通算グループ全体の所得の金額の100％となり，中小法人又は新設法人に該当しない場合は，通算グループ全体の所得の金額の50％となります。

（注）　グループ通算制度の場合，全ての法人が中小法人又は新設法人に該当する場合となります。

　また，「控除方法は連結納税制度と同様とする。」とされているため，まず，古い欠損金から優先控除され，次に，特定欠損金から優先控除され，特定欠損金はその法人の所得の金額を限度として控除し，通算グループ内の特定欠損金と非特定欠損金をあわせて控除限度額（通算グループ全体の所得の金額の50％又は100％）まで控除するという計算方法になります。

　具体的には，改正法案の法人税法第64条の7第1項で定める計算方法は次のとおりとなります。

≪欠損金の通算（法人税法第64条の7第1項）≫

通算法人の欠損金の繰越控除の適用を受ける事業年度開始の日前10年以内に開始した事業年度において生じた欠損金額は，次の①及び②の金額の合計額とする。
① 　その通算法人の特定欠損金額
② 　各通算法人の欠損金額のうち特定欠損金額以外の金額（非特定欠損金額）の合計額を各通算法人の特定欠損金の繰越控除後の損金算入限度額の比で配分した金額
また，繰越控除はそれぞれ次に掲げる金額を限度とする。
一．特定欠損金の控除限度額
　各通算法人の損金算入限度額の合計額を各通算法人の特定欠損金額のうち欠損金の繰越控除前の所得の金額に達するまでの金額の比で配分した金額
二．非特定欠損金の控除限度額
　各通算法人の特定欠損金の繰越控除後の損金算入限度額の合計額を各通算法人の配分後の非特定欠損金額の比で配分した金額

新制度の欠損金の通算の計算方法が現行制度と異なるのは，次の2点となります。

① 　最初に非特定欠損金の期首残高を各通算法人の損金算入限度額（50％又は100％）の比で配分する。
これは，非特定欠損金の期首残高を調整するようなイメージであり，この配分計算によって，所得金額が0となる通算法人において非特定欠損金が控除されない（所得の金額がマイナスにならない）ように手当てされています。

② 　損益通算後の個別所得を限度に特定欠損金の控除額が計算される。
現行制度では，損益通算前の個別所得を限度に特定連結欠損金の控除額が計算されますが，新制度では，損益通算後の個別所得を限度に特定欠損金の控除額が計算されます。当然，損益通算後の個別所得の方が小さい金額になることから，新制度の方が特定欠損金の控除額が少なくなる場合があり，それによってグループ全体の控除額が現行制度より小さくなるケースが生じます。

新制度の欠損金の通算の計算方法について，現行制度と比較すると次のとおりとなります（下記の例は新制度と現行制度で控除額が同額になります）。

[図表　グループ通算制度の『欠損金の通算』の仕組み]

	親法人P（大法人）	子法人A（大法人）	子法人B（大法人）
前10年			
～			
前7年	○ 期首50		
～	①		
前5年	各法人の損金算入限度額（50%）の比で配分　P150※：A200※：B0　※P：400×50%－特定控除50，A：400×50%		
前4年	● 期首40　配賦後51	● 期首40　配賦後69	● 期首40　配賦後0　120
～	②	②	
当期	自己の所得（損益通算後）400	自己の所得（損益通算後）400	自己の所得（損益通算後）0

欠損金控除額	101(50+51)	69	0

所得の金額（控除後）	299	331	0

繰越欠損金の期末残高	0　期首(50+40)－減少額(50+40)	0　期首(40)－減少額(40)	0　期首(40)－減少額(40)

○：特定欠損金，●：非特定欠損金

[損金算入限度額]
①：自己の所得（損益通算後）の100%（P400）を限度に控除。ただし，通算グループ全体の所得の金額の50%（400＝800×50%）を限度とする。
②：通算グループ全体の所得の金額の50%（350＝800×50%－特定控除50）を限度とする。

[繰越欠損金の期末残高]
　各法人の繰越欠損金の期末残高は以下の計算となる。
①特定欠損金
　その法人の控除額（P50）を当期減少額として，期末残高を計算する。
②非特定欠損金
　通算グループ全体の控除額（120）を各法人の非特定欠損金の期首残高の比率（P40：A40：B40）で配分した金額を当期減少額として，期末残高を計算する。
　したがって，当期控除額と当期減少額が一致しない場合は通算税効果額が生じる。

[図表　連結納税制度の『欠損金の通算』の仕組み]

	親法人Ｐ （大法人）	子法人Ａ （大法人）	子法人Ｂ （大法人）
前10年			
〜			
前7年	○ 期首 50		
〜	①		
前5年			
前4年	● 期首 40	● 期首 40	● 期首 40
〜	②	②	②
当期	自己の所得 （損益通算前） 500	自己の所得 （損益通算前） 500	自己の所得 （損益通算前） ▲200

欠損金控除額	90(50＋40)	40	40

所得の金額 （控除後）	410	460	▲240

繰越欠損金の 期末残高	0 期首(50＋40)－減少額 (50＋40)	0 期首(40)－減少額 (40)	0 期首(40)－減少額(40)

○：特定連結欠損金，●：非特定連結欠損金

[損金算入限度額]
①：自己の所得（損益通算前）の100％（Ｐ500）を限度に控除。ただし，連結グループ全体の所得の金額の50％（400＝800×50％）を限度とする。
②：連結グループ全体の所得の金額の50％（350＝800×50％－特定控除50）を限度とする。

Q2-10 特定欠損金と非特定欠損金

グループ通算制度における欠損金は，連結納税制度における特定連結欠損金と非特定連結欠損金の種類のように個別所得を限度とするか否かで区分されますか？

A

グループ通算制度の適用開始又は通算グループへの加入前の欠損金のうち開始・加入により切り捨てられなかったものは，特定欠損金（その法人の所得の金額を限度として控除ができる欠損金をいう）となります。

つまり，グループ通算制度における欠損金は，現行制度と同様に，以下の2種類に分けられます。

(1) 特定欠損金

その法人の所得の金額を限度として控除ができる欠損金をいいます。

特定欠損金は次のものが該当します。

① 親法人の開始前の繰越欠損金

② 子法人の開始・加入前の繰越欠損金

③ 原価及び費用の額の合計額のうちに占める損金算入される減価償却費の額の割合が30％を超える場合の損益通算の対象外となる欠損金

④ 損益通算の対象外となる支配関係発生前から有する資産の実現損から成る欠損金

(2) 非特定欠損金（特定欠損金以外の欠損金）

その法人の所得の金額を限度とせずに控除ができる欠損金をいいます。

非特定欠損金は，グループ通算制度適用後に通算グループ内で生じた繰越欠損金（上記(1)③及び④を除く）が該当します。

そして，通算グループ内の特定欠損金と非特定欠損金をあわせて控除限度額（通算グループ全体の所得の金額の50％又は100％）まで控除することになります。

Q2-11　修正・更正を他の法人に影響させない仕組み

税務調査などで後発的な修正・更正事由が生じることで，適用法人の所得の金額又は欠損金額，過年度の欠損金額が変更になる場合，その適用法人及び通算グループ内の他の法人の所得の金額又は欠損金額はどのように修正・更正されることになりますか？

A ....

　連結納税制度は，連結グループを一つの納税単位として，すべての連結法人の共同作業で申告書が作成されるという制度設計（一体申告方式）であるため，税務調査などで後発的な修正・更正事由が生じ，連結法人のうち1社でも所得の金額又は欠損金額の計算に誤りがある場合，すべての連結法人の所得の金額及び法人税額を再計算する必要が生じます。そのため，納税者及び課税庁において，税務調査が行われた後の修正申告又は更正・決定の事務負担が重くなるという実務上の問題が生じています。

　一方，グループ通算制度では，税務調査と修正・更正を個社で完結させるため，自社の所得の金額又は欠損金額に修正・更正が生じた場合でも，損益通算している欠損金の額を原則として当初申告額に固定することにより，通算グループ内の他の法人の所得金額及び法人税額の計算に反映させない（遮断する）仕組みとします。

　この点，大綱では，以下のように表現されています。

> グループ通算制度の適用法人又は通算グループ内の他の法人の所得の金額又は欠損金額が期限内申告書に記載された所得の金額又は欠損金額と異なる場合には，期限内申告書に記載された所得の金額又は欠損金額を上記①の所得の金額又は欠損金額とみなして上記①の損金算入又は益金算入の計算をする。

　ここで，上記①とは「損益通算」を意味しています。

　これは，通算グループ内の法人のいずれかで，事後的に所得の金額又は欠損金額が違っていることがわかっても，通算グループ内の各法人（修正・更正の対象となる法人を含む）では，損益通算を期限内申告書に記載された金額のままにし，修正・更正の対象となる法人のみで所得の金額又は欠損金額を変更する，という意味です(注)。

　また，欠損金の通算についても，大綱では，以下のように同様の措置が講じられています。

> ①　通算グループ内の他の法人の当期の所得の金額又は過年度の欠損金額が期限内申告書に記載された当期の所得の金額又は過年度の欠損金額と異なる場合には，期限内申告書に記載された当期の所得の金額又は過年度の欠損金額を当期の所得の金額又は過年度の欠損金額とみなす。
> ②　グループ通算制度の適用法人の当期の所得の金額又は過年度の欠損金額が期限内申告書に記載された当期の所得の金額又は過年度の欠損金額と異なる場合には，欠損金額及び中小法人等以外の控除限度額（欠損金の繰越控除前の所得の金額の50％相当額をいう。）で期限内申告において通算グループ内の他の法人との間で授受した金額を固定する調整をした上で，その適用法人のみで欠損金の繰越控除額を再計算する。

　こちらは，通算グループ内の法人のいずれかで，事後的に所得の金額又は過年度の繰越欠損金額が違っていることがわかっても，通算グループ内の他の法人では，欠損金の通算を期限内申告書に記載された金額のままにし，修正・更正の対象となる法人のみで欠損金の繰越控除額を再計算する，という意味です(注)。

　グループ通算制度において，修正・更正が生じた場合，次のような計算例となります。

[図表　グループ通算制度における修正・更正が生じた場合の取扱い（グループ全体で所得の金額が生じるケース）]

[欠損法人Cで増額更正が生じた場合]

　そもそも，当初申告では…

		親法人P	子法人A	子法人B	子法人C	合計
所得金額	所得の金額	500	100			600
	欠損金額			▲50	▲250	▲300
損益通算	損金算入	▲250	▲50			▲300
	益金算入			50	250	300
	所得金額（当初申告）	250	50	0	0	300

子法人Cに税務調査が入り，貸倒損失の否認100の増額更正が生じたとする。

仮に，損益通算をやり直すと‥‥

税務調査

		親法人P	子法人A	子法人B	子法人C	合計
所得金額	所得の金額	500	100			600
	欠損金額			▲50	▲150 (+100)	▲200
損益通算	損金算入	▲167	▲33			▲200
	益金算入			50	150	200
	所得金額（やり直し後）	333	67	0	0	400
	所得金額の増加額	+83	+17	0	0	+100
	追徴税額（20%）	+17	+3	0	0	+20

Cの欠損金額が変わるので，損益通算をやり直すと…

税務調査に入ったのはCであるが，所得金額と法人税額が増加するのは，PとA。Cの修正・更正がPとAに影響してしまう！

グループ通算制度では，Cの所得の金額又は欠損金額の修正・更正を他の法人の所得金額の計算に反映させない（遮断する）。

どうなるかというと‥‥

税務調査

		親法人P	子法人A	子法人B	子法人C	合計
所得金額	所得の金額	500	100			600
	欠損金額			▲50	▲150 (+100)	▲200
損益通算	損金算入	▲250	▲50			▲300
	益金算入			50	250	300
	所得金額（更正後）	250	50	0	100	400
	所得金額の増加額	0	0	0	+100	+100
	追徴税額（20%）	0	0	0	+20	+20

当初申告額に固定したまま！

税務調査されたCのみで増額更正

[図表　グループ通算制度における修正・更正が生じた場合の取扱い（グループ全体で所得の金額が生じるケース）]

[欠損法人Cで減額更正が生じた場合]

そもそも，当初申告では・・・

		親法人P	子法人A	子法人B	子法人C	合計
所得金額	所得の金額	500	100			600
	欠損金額			▲50	▲250	▲300
損益通算	損金算入	▲250	▲50			▲300
	益金算入			50	250	300
	所得金額（当初申告）	250	50	0	0	300

子法人Cに税務調査が入り，貸倒損失の認容100の減額更正が生じたとする。

仮に，損益通算をやり直すと・・・・

税務調査

		親法人P	子法人A	子法人B	子法人C	合計
所得金額	所得の金額	500	100			600
	欠損金額			▲50	▲350（▲100）	▲400
損益通算	損金算入	▲333	▲67			▲400
	益金算入			50	350	400
	所得金額（やり直し後）	167	33	0	0	200
	所得金額の増加額	▲83	▲17	0	0	▲100
	還付税額（20%）	▲17	▲3	0	0	▲20

Cの欠損金額が変わるので，損益通算をやり直すと…

税務調査に入ったのはCであるが，所得金額と法人税額が減少するのは，PとA。Cの修正・更正がPとAに影響してしまう！

グループ通算制度では，Cの所得の金額又は欠損金額の修正・更正を他の法人の所得金額の計算に反映させない（遮断する）。

どうなるかというと…

		親法人P	子法人A	子法人B	税務調査 子法人C	合計
所得金額	所得の金額	500	100			600
	欠損金額			▲50	▲350 (▲100)	▲400
損益通算	損金算入	▲250	▲50			▲300
	益金算入			50	250	300
	所得金額 (更正後)	250	50	0	▲100	200
	繰越欠損金の増加額	0	0	0	+100	+100
	還付税額 (20%)	0	0	0	0	0

（吹き出し）当初申告額に固定したまま！

（吹き出し）やり直しをすれば，通算グループ内で当初申告年度の税額が減少するが，遮断する仕組みの場合，Cで繰越欠損金として来年度以降で税額が減少することになる。

（吹き出し）税務調査されたCのみで減額更正

（注）　なお，ある通算法人が，他の通算法人の確定申告書に記載された所得の金額又は欠損金額と異なる金額を使って損益通算又は欠損金の通算を行っていた場合は，当然に，その通算法人において他の通算法人の確定申告書に記載された金額に基づいて修正・更正が行われます。

　ただし，欠損金の繰越期間に対する制限を潜脱するため又は離脱法人に欠損金を帰属させるためあえて誤った当初申告を行うなど，法人税の負担を不当に減少させる結果となると認められるときは，税務署長は損益通算及び欠損金の通算を当初申告額に固定する取扱いは適用せずに全体を再計算することができます。

　法人税の負担を不当に減少させる行為について，連結納税制度の専門家会合では，次のように示されています。

繰越欠損金の期限を無効化するケース

（全法人が欠損金の制度の対象でないと仮定。グループ内各社で税率や繰越控除の取扱いが異なるとした場合は、様々なパターンが生じ得る。）

【例1：加入前欠損金の繰越期限が到来】

A社（親法人）▲600	B社（子法人）500	C社（子法人） 0（正しい所得）◀1,000（当初申告） 繰越期限が到来する加入前欠損金▲600	期限が到来する連結欠損金▲300

○ 正しい所得金額であれば、A、B、C社の損益を通算して欠損▲100（C社の加入前欠損金及び連結欠損金は期限到来によりゼロ）、となる。

正しい損益の通算	▲600 ➡ ▲100	500 ➡ 0	0 ➡ 0	

※ C社の加入前欠損金600及び連結欠損金300は期限切れにより消失。

○ 繰越期限が到来する欠損金を消化することを企図し、当初申告ではC社の所得を1,000とし、A、B、C社で損益通算を行い、それぞれ所得ゼロ（欠損金なし）で申告した。その後、C社が所得を▲1,000減額する更正の請求を行った。（以下は、たたき台としてプロラタ方式で計算したもの。）

当期損益の通算	▲600 ➡ 0	500−(600×500/1500)=300	(1,000)−(600×1000/1500)=600	
繰欠控除	−	300 ➡ 0 (連結欠損金▲300を控除)	600 ➡ 0 (自己の加入前欠損金▲600を控除)	連結欠損金 ▲300 ➡ 0
更正の請求	−	−	▲1,000	

➤ 請求どおり減額更正をすれば、上記の「1,000」をゼロとして再計算することとなるので、期限切れ欠損金が新たな欠損金に生まれ変わることとなるため、C社だけの是正ではなく、A、B社もあわせて損益通算をやりなおす必要。

［出典］財務省 説明資料〔連結納税制度〕平成31年4月18日

離脱予定法人を利用するケース

（全法人が欠損金の制度の対象でないと仮定。グループ内各社で税率や繰越控除の取扱いが異なるとした場合は、様々なパターンが生じ得る。）

【例2：離脱を予定している法人】

A社（親法人）300	B社（子法人）▲1,000	C社（子法人）700（正しい所得）◀▲2,000（当初申告）

○ 正しい所得金額であれば、A、B、C社の損益を通算して所得ゼロ（300−1,000+700）、欠損金なし、となる。

正しい損益の通算	300 ➡ 0	▲1,000 ➡ 0	700 ➡ 0

○ 事業上の理由から、A社は、B社をグループ外のX社と共同支配することとしたい（B社の株式の20%をX社に売却予定）。B社は当期は欠損となったが、通常は利益を計上しており、翌年以降は所得が発生すると見込まれるため、その税負担を減らすために、欠損金を持ち出したい。このため、離脱を予定しているB社に多くの欠損金を持たせるために、C社が当初申告は欠損▲2,000で申告し、その後、正しい所得（700）とする修正申告（増加所得2,700）を行った。

当初申告時の通算	300 ➡ 0	▲1,000+(300×1000/3000)=▲900	▲2,000+(300×2000/3000)=▲1,800
修正申告			増加所得2,700

➤ B社の繰越欠損金は本来ゼロであるはずであるが、C社のみが自主修正したままとなれば、B社が繰越欠損金（▲900）を持ち続けることとなるため、C社だけの是正ではなく、A、B社もあわせて損益通算をやりなおす必要。

［出典］財務省 説明資料〔連結納税制度〕平成31年4月18日

　また，通算グループ内の全ての法人について，期限内申告における所得の金額が零又は欠損金額がある等の要件に該当するときは，損益通算及び欠損金の通算を当初申告額に固定する取扱いは適用しません。

Q2-12 開始・加入時の時価評価と繰越欠損金の切捨て（概要）

グループ通算制度における開始・加入時の時価評価と繰越欠損金の切捨てについて，その概要を教えてください。

A ·······

グループ通算制度においても開始・加入時の時価評価と繰越欠損金の切捨てが行われますが，連結納税制度とその仕組みは大きく違います。

グループ通算制度では，組織再編税制との整合性を確保するため，開始・加入時の時価評価と繰越欠損金の切捨てについて，組織再編税制と同様の要件と利用制限を課す取扱いとなります。

具体的には，次のような取扱いとなります。

1 時価評価の対象外となる法人

時価評価について，対象外となる法人を次の法人とします。

⑴ 開始時の時価評価の対象外となる法人
 ① 親法人との間に完全支配関係の継続が見込まれる子法人
 ② いずれかの子法人との間に完全支配関係の継続が見込まれる親法人
⑵ 加入時の時価評価の対象外となる法人
① 適格株式交換等により加入した株式交換等完全子法人
② 通算グループ内の新設法人
③ 適格組織再編成と同様の要件として次の要件（加入の直前に支配関係がある場合には，(イ)から(ハ)までの要件）の全てに該当する法人
 (イ) 親法人との間の完全支配関係の継続要件
 (ロ) 当該法人の従業者継続要件
 (ハ) 当該法人の主要事業継続要件
 (ニ) 当該法人の主要な事業と通算グループ内のいずれかの法人の事業との事業関連性要件
 (ホ) 上記(ニ)の各事業の事業規模比5倍以内要件又は当該法人の特定役員継続要件
上記の各要件は，組織再編成の適格要件と同様とする。

ここで，支配関係とは，直接又は間接の50％超の資本関係をいいます。

2　時価評価の対象となる法人

上記1(1)(2)の法人以外の法人は開始・加入時に時価評価が必要となります。

3　繰越欠損金が切り捨てられる法人

上記1(1)(2)の法人以外の法人は開始・加入前の繰越欠損金が切り捨てられます。

4　開始・加入後に繰越欠損金の切捨てと含み損等の利用制限が生じる法人

上記1(1)(2)の法人の開始・加入前の繰越欠損金及び資産の含み損等について，次のとおり，開始・加入後に制限が課されます。

---

① 支配関係発生後に新たな事業を開始した場合には，支配関係発生前に生じた欠損金及び支配関係発生前から有する資産の開始・加入前の実現損から成る欠損金を切り捨てるとともに，適用期間※1において生じる支配関係発生前から有する資産の開始・加入後の実現損を損金不算入とする。

② 原価及び費用の額の合計額のうちに占める損金算入される減価償却費の額の割合が30％を超える場合には，適用期間※2内の日の属する事業年度において通算グループ内で生じた欠損金について，損益通算の対象外とした上で，特定欠損金（その法人の所得の金額を限度として控除ができる欠損金をいう）とする。

③ 上記①又は②のいずれにも該当しない場合には，通算グループ内で生じた欠損金のうち，適用期間※2において生じる支配関係発生前から有する資産の実現損から成る欠損金について，損益通算の対象外とした上で，特定欠損金とする。

※1. 開始・加入日と新たな事業の開始日の属する事業年度開始日のいずれか遅い日から開始・加入日以後3年経過日と支配関係発生日以後5年経過日のいずれか早い日までの期間をいう。

※2. 開始・加入日から同日以後3年経過日と支配関係発生日以後5年経過日のいずれか早い日までの期間をいう。

制限の対象となる資産の実現損の額は，組織再編税制における特定資産に係る譲渡等損失額の損金不算入制度と同様とする。

5　上記4の制限の対象外となる法人

次の法人については，上記4の対象外とする。

⑴　親法人との間に支配関係が5年超又は設立日からある法人

⑵　通算グループ内のいずれかの法人と共同事業を行う法人として，次の法人

①　加入の直前に親法人との間（親法人にあっては，いずれかの子法人との間）に支配関係がない法人で上記1⑵③に該当するもの

②　開始・加入の直前に親法人との間（親法人にあっては，いずれかの子法人との間）に支配関係がある法人で次の要件の全てに該当するもの

　㈡　当該法人の主要な事業と通算グループ内のいずれかの法人の事業との事業関連性要件

　㈣　上記㈡の各事業の事業規模比5倍以内要件又は当該法人の特定役員継続要件

　㈥　当該法人の上記㈡の主要な事業の事業規模拡大2倍以内要件又は特定役員継続要件

　　上記の各要件は，組織再編成の欠損金の制限におけるみなし共同事業要件と同様とする。

③　非適格株式交換等により加入した株式交換等完全子法人で共同で事業を行うための適格株式交換等の要件のうち対価要件以外の要件に該当するもの

［図表　グループ通算制度の開始・加入時の時価評価と繰越欠損金の切捨てのフローチャート］

親法人も子法人と同様に，時価評価が必要となり，繰越欠損金が切り捨てられる対象となる。

グループ通算制度の開始・加入

判定1

次に掲げる法人に該当するか？
(1)　開始時
①　親法人との間に完全支配関係の継続が見込まれる子法人
②　いずれかの子法人との間に完全支配関係の継続が見込まれる親法人
(2)　加入時
①　適格株式交換等により加入した株式交換等完全子法人
②　通算グループ内の新設法人
③　適格組織再編成と同様の要件として次の要件（加入の直前に支配関係がある場合には，(イ)から(ハ)までの要件）の全てに該当する法人
　(イ)　親法人との間の完全支配関係の継続要件
　(ロ)　当該法人の従業者継続要件
　(ハ)　当該法人の主要事業継続要件
　(ニ)　当該法人の主要な事業と通算グループ内のいずれかの法人の事業との事業関連性要件
　(ホ)　上記(ニ)の各事業の事業規模比5倍以内要件又は当該法人の特定役員継続要件

NO　　　　YES

開始・加入時に不利益あり
● 時価評価が必要
● 繰越欠損金は全額切捨て

開始・加入に伴う不利益なし
● 時価評価は不要
● 繰越欠損金は全額持込み（特定欠損金）
● 含み損の利用制限はなし
● 構造的に生じる償却費等による欠損金の通算制限もなし

判定2

YES

親法人との間（親法人にあっては，いずれかの子法人との間）に支配関係が5年超又は設立日からある，又は，通算グループ内のいずれかの法人と共同事業性があるか？
具体的には，次に掲げる法人に該当するか？
(1)　親法人との間（親法人にあっては，いずれかの子法人との間）に支配関係が5年超又は設立日からある法人
(2)　通算グループ内のいずれかの法人と共同事業を行う法人として，次の法人
①　加入の直前に親法人との間に支配関係がない法人で上記(2)③に該当するもの
②　開始・加入の直前に親法人との間（親法人にあっては，いずれかの子法人との間）に支配関係がある法人で次の要件の全てに該当するもの
　(イ)　当該法人の主要な事業と通算グループ内のいずれかの法人の事業との事業関連性要件
　(ロ)　上記(イ)の各事業の事業規模比5倍以内要件又は当該法人の特定役員継続要件
　(ハ)　当該法人の上記(イ)の主要な事業の事業規模拡大2倍以内要件又は特定役員継続要件
③　非適格株式交換等により加入した株式交換等完全子法人で共同で事業を行うための適格株式交換等の要件のうち対価要件以外の要件に該当するもの

NO

一定の場合，開始・加入後に制限あり
● 開始・加入時は，時価評価は不要で，繰越欠損金は持込み（特定欠損金）
● ただし，開始・加入前の繰越欠損金及び資産の含み損等について，次のとおり，開始・加入後に制限が生じる。
①　支配関係発生後に新たな事業を開始した場合には，支配関係発生前に生じた繰越欠損金及び支配関係発生前から有する資産の開始・加入前の実現損から成る繰越欠損金を切り捨てるとともに，一定期間，支配関係発生前から有する資産の開始・加入後の実現損を損金不算入とする。
②　原価及び費用の額の合計額のうちに占める損金算入される減価償却費の額の割合が30%を超える場合（構造的に償却費等の損失が発生する事業を行う場合）には，一定期間，通算グループ内で生じた欠損金について，損益通算の対象外とした上で，特定欠損金（その法人の所得の金額を限度として控除ができる欠損金をいう）とする。
③　上記①又は②のいずれにも該当しない場合には，通算グループ内で生じた欠損金のうち，一定期間，支配関係発生前から有する資産の実現損から成る欠損金について，損益通算の対象外とした上で，特定欠損金とする。

Q2-13 開始・加入時の時価評価と繰越欠損金の切捨て
（連結納税制度との比較）

> グループ通算制度における開始・加入時の時価評価と繰越欠損金の切捨てについて，連結納税制度との仕組みの違いを教えてください。

A

連結納税制度では，「特定連結子法人に該当するか？」という１段階での判定手順と特定連結子法人に該当しない場合は「時価評価をして繰越欠損金が全額切り捨てられる」という０か100かの取扱いになりますが，グループ通算制度では，①組織再編税制と同様の適格要件に該当するか？　②５年超又は設立日からの支配関係又は共同事業性があるか？　という２段階での判定手順となり，開始・加入時に時価評価が不要で繰越欠損金が切り捨てられない場合でも，開始・加入後に含み損の利用が制限される又は繰越欠損金の一部が切り捨てられるなど，制度自体は複雑な仕組みになるといえます。

ただし，連結納税制度では，加入時にはほとんどのケースで時価評価が必要で，繰越欠損金が切り捨てられていますが，グループ通算制度では，時価評価が不要で，繰越欠損金が切り捨てられないケースが多くなることが予想されます。つまり，グループ通算制度では，連結納税制度より，時価評価や繰越欠損金の切捨ての対象が縮小することが見込まれます。

また，連結納税制度では，親法人について，時価評価は不要となり，開始前の繰越欠損金の切捨てもありませんが，グループ通算制度では，親法人についても，子法人と同様に，一定の場合，時価評価，繰越欠損金の切捨て，資産の含み損等の利用制限が課されることに注意が必要です。

[図表　連結納税制度とグループ通算制度のアプローチの違い]
【連結納税制度の検討アプローチ】1回の判定でよい。

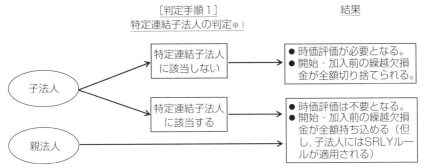

※1　開始時に長期保有（5年超）されていた法人，適格株式交換等の株式交換等完全子法
　　人，グループ内の新設法人，など。

【グループ通算制度の検討アプローチ】2回の判定手順がある。

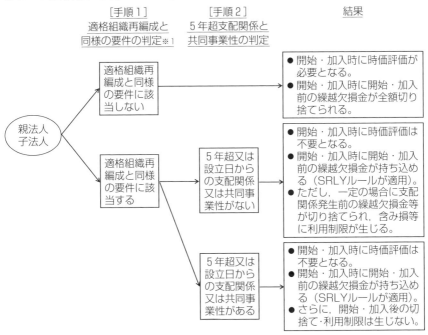

※1　開始時に完全支配関係の継続が見込まれる法人，適格株式交換等により加入した株式
　　交換等完全子法人，加入時のグループ内の新設法人，それ以外の加入子法人で適格組織
　　再編成と同様の要件に該当するもの

Q2-14 親法人の時価評価と繰越欠損金の切捨て

> グループ通算制度では，親法人についても，子法人と同様に，
> 時価評価が行われ，繰越欠損金が切り捨てられることがあり
> ますか？

A ....

　連結納税制度では，親法人が納税義務者となり，親法人目線から制度設計されているため，親法人について，時価評価は不要となり，開始前の繰越欠損金は切り捨てられません。

　しかし，グループ通算制度では，個別申告方式となり，親法人と子法人は並列関係（対等）と考えるため，親法人についても，子法人と同様に，一定の場合，時価評価，繰越欠損金の切捨て，資産の含み損等の利用制限が課されることになります。

Q2-15　開始時の時価評価の対象外となる法人

グループ通算制度における開始時の時価評価の対象外となる法人について，具体的なケースを教えてください。また，連結納税制度の開始時の特定連結子法人との違いも教えてください。

A ....

　グループ通算制度において，開始時に時価評価の対象外となる法人は次の法人となります。

---
① 　親法人との間に完全支配関係の継続が見込まれる子法人
② 　いずれかの子法人との間に完全支配関係の継続が見込まれる親法人

1　子法人を時価評価するケースについて

　子法人の場合，開始時に親法人との間で100％親子関係が継続することが見込まれる場合，時価評価は不要になります。

　子法人の時価評価が必要になるケースとしては，親法人又は他の子法人が所有する子法人の株式の全部又は一部について，開始時に売却することが見込まれている場合などが想定されます。

　そのため，実務上，子法人が時価評価すべきケースはかなり限定されてくると思われます。

2　親法人を時価評価するケースについて

　親法人の場合，いずれかの子法人との間で100％親子関係が継続することが見込まれる場合，時価評価は不要になります。

　この点，グループ通算制度を開始しようとする場合で，親法人がいずれの子法人とも100％の資本関係を継続する見込みがない状況は，実務上，ほとんどないのではないでしょうか。

　つまり，親法人について，時価評価すべきケースは，実務上，ほとんどないと思われます。

[図表　グループ通算制度における開始時の時価評価の対象外となる法人]

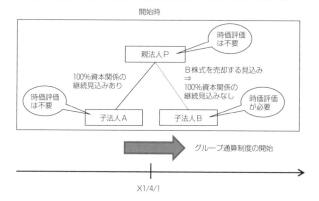

3　連結納税制度との違い

　連結納税制度における時価評価の対象外となる法人は，完全支配関係が生じた要因や完全支配関係の継続期間で定義された特定連結子法人に該当するかどうかで判定します。

　特定連結子法人の細かい定義は，「Ｑ１－１」を参照してほしいのですが，開始時の特定連結子法人に該当しない法人を一言で表現すると，『５年以内に相対取引での株式購入により100％化した子法人』をいいます。

　一方，グループ通算制度では，完全支配関係の継続が見込まれるかどうかで判定するため，完全支配関係が生じた要因や継続期間は関係ありません。

[図表　開始時の時価評価の対象外となる法人（連結納税制度との違い）]

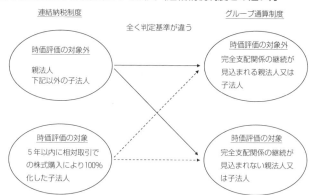

Q2-16 加入時の時価評価の対象外となる法人

グループ通算制度における加入時の時価評価の対象外となる法人について，具体的なケースを教えてください。また，連結納税制度の加入時の特定連結子法人との違いも教えてください。

A ....

　グループ通算制度において，加入時に時価評価の対象外となる法人は次の法人となります。

---

①　適格株式交換等により加入した株式交換等完全子法人
②　通算グループ内の新設法人
③　加入直前に支配関係がある場合で，適格組織再編成と同様の要件として次の要件の全てに該当する法人
　㈤　親法人との間の完全支配関係の継続要件
　㈭　当該法人の従業者継続要件
　㈪　当該法人の主要事業継続要件
④　加入直前に支配関係がない場合で，適格組織再編成と同様の要件として次の要件の全てに該当する法人
　㈤　親法人との間の完全支配関係の継続要件
　㈭　当該法人の従業者継続要件
　㈪　当該法人の主要事業継続要件
　㈫　当該法人の主要な事業と通算グループ内のいずれかの法人の事業との事業関連性要件
　㈬　上記㈫の各事業の事業規模比 5 倍以内要件又は当該法人の特定役員継続要件
　上記の各要件は，組織再編成の適格要件と同様とする。

1　子法人を時価評価するケースについて

　連結納税制度と同様に，加入子法人のうち，適格株式交換等により加入した株式交換等完全子法人と通算グループ内の新設法人は時価評価が不要になるため，グループ通算制度でも，「相対取引での株式購入により100％化した子法人」が時価評価の対象になるかどうか問題となりますが，50％超子会社を100％子法人にする場合，通常，上記③の完全支配関係の継続要件，従業者継続要件，主要事業継続要件に該当することが多いと思われます。

したがって，グループ通算制度では，実務上，時価評価の対象になるのは，グループ外の会社を相対取引での株式購入により100％化した場合で，上記④の要件（特に，㈭「事業規模比5倍以内要件又は特定役員継続要件」）に該当しないケースが主たるものになるでしょう。

[図表　加入時の時価評価の対象外となる法人（グループ通算制度）]
＜ケース1＞　適格株式交換等により加入した株式交換等完全子法人

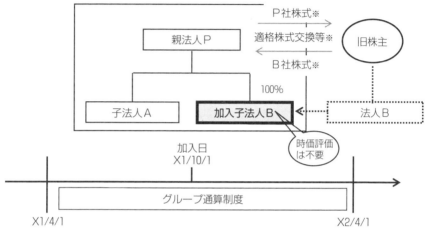

※上記は株式交換のケース。それ以外にも株式併合方式，株式売渡請求方式，全部取得条項付種類株式方式が株式交換等に該当する。

＜ケース2＞　通算グループ内の新設法人

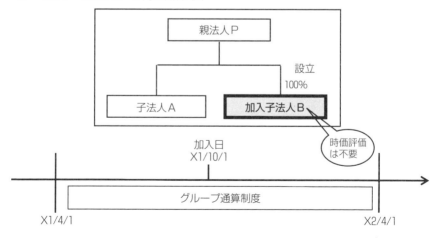

＜ケース3＞　50％超子会社を相対取引での株式購入により100％化した場合

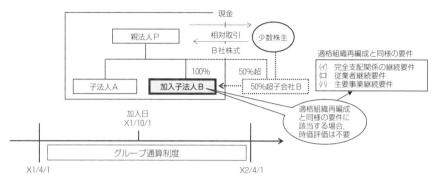

＜ケース4＞　グループ外の会社を相対取引での株式購入により100％化した場合

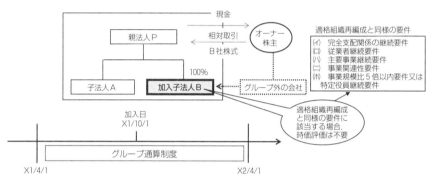

2　連結納税制度との違い

　連結納税制度における時価評価の対象外となる法人は，完全支配関係が生じた要因で定義された特定連結子法人に該当するかどうかで判定します。

　特定連結子法人の細かい定義は，「Q1-1」を参照してほしいのですが，加入時の特定連結子法人に該当しない法人を一言で表現すると，『相対取引での株式購入により100％化した子法人』をいいます。

　一方，グループ通算制度では，完全支配関係が生じた要因と適格組織再編成と同様の要件で判定するため，『相対取引での株式購入により100％化した子法人』でも時価評価の対象外の法人となる場合があります。

　特に，連結納税制度では，加入時にはほとんどのケースで時価評価が必要となりますが，グループ通算制度では，時価評価が不要となるケースが多くなることが予想されます。

72

[図表　加入時の時価評価の対象外となる法人（連結納税制度との違い）]

連結納税制度　　　　　　　　　　　　　　　　　グループ通算制度

全く判定基準が違う

時価評価の対象外
・適格株式交換等により加入した株式交換等完全子法人
・グループ内の新設法人

時価評価の対象外
・適格株式交換等により加入した株式交換等完全子法人
・グループ内の新設法人

時価評価の対象
相対取引での株式購入により100％化した子法人

時価評価の対象外
適格組織再編成と同様の要件に該当する子法人

時価評価の対象
適格組織再編成と同様の要件に該当しない子法人

【参考】適格組織再編成の要件とは

　　グループ通算制度において，時価評価の対象外となる法人のうち，上記③及び④の各要件は　組織再編成の適格要件と同様となりますが，例えば，適格株式交換の要件のうち，同様の要件の定義は次の通りとなっています。

(イ)　完全支配関係の継続要件

　　株式交換後に株式交換完全子法人と株式交換完全親法人との間に株式交換完全親法人による完全支配関係が継続することが見込まれていること

(ロ)　従業者継続要件

　　株式交換完全子法人の株式交換の直前の従業者のうち，その総数のおおむね80％以上に相当する数の者が株式交換完全子法人の業務に引き続き従事することが見込まれていること。

(ハ)　主要事業継続要件

　　株式交換完全子法人の子法人事業（親法人事業と関連する事業に限る）が株式交換完全子法人において引き続き行われることが見込まれていること。

(ニ)　事業関連性要件

　　株式交換完全子法人の子法人事業（株式交換完全子法人の株式交換前に行う主要な事業のうちのいずれかの事業をいう）と株式交換完全親法人の親法人事業（株式交換完全親法人の株式交換前に行う事業のうちのいずれかの事業をいう）とが相互に関連するものであること。

(ホ)　事業規模比5倍以内要件又は特定役員継続要件

　　株式交換完全子法人の子法人事業と株式交換完全親法人の親法人事業（子法人事業と関連する事業に限る）のそれぞれの売上金額，子法人事業と親法人事業のそれぞれの従業者の数若しくはこれらに準ずるものの規模の割合がおおむね5倍を超えないこと又は株式交換前の株式交換完全子法人の特定役員の全てが株式交換に伴って退任をするものでないこと。

Q2-17 開始前の繰越欠損金の切捨て

> グループ通算制度における開始前の繰越欠損金の切捨てについて、その取扱いを教えてください。

 ....

　グループ通算制度を開始する場合、時価評価の対象となる親法人又は子法人の開始前の繰越欠損金は切り捨てられます。

　したがって、時価評価の対象外となる親法人又は子法人の開始前の繰越欠損金は特定欠損金としてグループ通算制度に持ち込むことができます。

　ただし、時価評価の対象外となる親法人又は子法人であっても、支配関係発生後に新たな事業を開始した場合(注)には、開始前の繰越欠損金のうち、次に掲げるものが切り捨てられます。

① 支配関係発生前に生じた繰越欠損金
② 支配関係発生前から有する資産の開始前の実現損からなる繰越欠損金

(注) 「支配関係発生後に新たな事業を開始した場合」が具体的にどのような場合をいうのか？グループ通算制度の開始前に新たな事業を開始した場合はどうなるのか？欠損等法人の制限規定との関係は？等については、今後、法令で明らかになるものと思われます。

　ただし、親法人との間（親法人にあっては、いずれかの子法人との間）に支配関係が5年超又は設立日からある場合、又は、通算グループ内のいずれかの法人と共同事業性がある場合、上記①及び②の開始前の繰越欠損金は切り捨てられません。

　ここで、支配関係が5年超又は設立日からある場合又は共同事業性がある場合とは次の法人に該当する場合をいいます。

１．親法人との間（親法人にあっては、いずれかの子法人との間）に支配関係が5年超又は設立日からある法人
２．通算グループ内のいずれかの法人と共同事業を行う法人として、開始の直前に親法人との間（親法人にあっては、いずれかの子法人との間）に支配関係がある法人で次の要件の全てに該当するもの
　(イ) 当該法人の主要な事業と通算グループ内のいずれかの法人の事業との事業関連性要件

(ロ)　上記(イ)の各事業の事業規模比5倍以内要件又は当該法人の特定役員継続要件

(ハ)　当該法人の上記(イ)の主要な事業の事業規模拡大2倍以内要件又は特定役員継続要件

上記の各要件は，組織再編成の欠損金の制限におけるみなし共同事業要件と同様とする。

以上を整理すると次頁のフローチャートのようになります。

[図表　グループ通算制度の開始前の繰越欠損金のフローチャート]

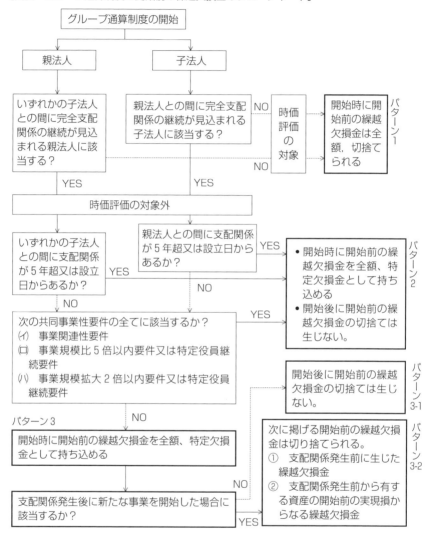

［図表　支配関係発生後に新たな事業を開始した場合の開始前の繰越欠損金の切捨て］

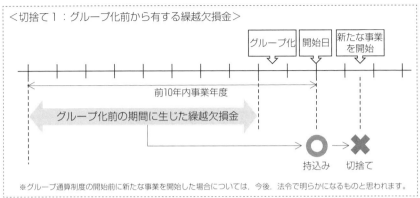

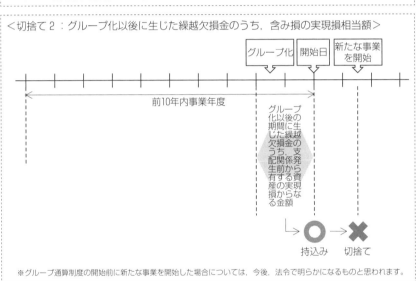

【参考】組織再編税制における「５年前の日又は設立日からの支配関係継続要件」と「みなし共同事業要件」とは

　　グループ通算制度における「支配関係が５年超又は設立日からある場合」及び「共同事業性がある場合」は，組織再編税制における繰越欠損金の利用制限に係る「５年前の日又は設立日からの支配関係継続要件」及び「みなし共同事業要件」と同様の要件となることが見込まれますが，例えば，合併におけるそれぞれの定義は次のとおりとなっています。

【5年前の日又は設立日からの支配関係継続要件】

　支配関係が，合併法人の適格合併の日の属する事業年度開始日の5年前の日，合併法人の設立日，被合併法人の設立日のうち，最も遅い日から継続して生じている場合をいう。

【みなし共同事業要件】

① 事業関連性要件

　被合併事業（被合併法人の適格合併の前に営む主要な事業のうちのいずれかの事業）と合併法人の合併事業（合併法人の適格合併の前に営む事業のうちのいずれかの事業）とが相互に関連するものであること

② 事業規模比5倍以内要件

　次の規模の割合のいずれかがおおむね5倍を超えないこと

－被合併事業と合併事業（被合併事業と関連する事業に限る）のそれぞれの売上金額

－被合併事業と合併事業のそれぞれの従業者の数

－被合併法人と合併法人のそれぞれの資本金

－これらに準ずるもの

③ 事業規模拡大2倍以内要件

－被合併事業が被合併法人と合併法人との間に支配関係があることとなった時から適格合併の直前の時まで継続して行われており，

－かつ，被合併法人の支配関係発生時と適格合併の直前の時における被合併事業の規模の割合（②に掲げる規模の割合の計算の基礎とした指標に係るものに限る）がおおむね2倍を超えないこと

　この要件は，合併法人及び合併事業についても満たす必要がある。

④ 特定役員継続要件

　被合併法人の適格合併の前における特定役員[1]である者のいずれかの者[2]と合併法人の適格合併の前における特定役員[1]である者のいずれかの者[3]が適格合併の後に合併法人の特定役員[1]となることが見込まれていること

　　※1．特定役員とは，常務以上の役員をいう。

　　※2．被合併法人が合併法人と最後に支配関係があることとなった日前（支配関係が被合併法人となる法人又は合併法人となる法人の設立により生じたものである場合には，同日。以下，※3において同じ）において被合併法人の役員又はこれらに準ずる者（同日において被合併法人の経営に従事していた者に限る）であった者に限る。

　　※3．最後に支配関係があることとなった日前において合併法人の役員又はこれらに準ずる者（同日において合併法人の経営に従事していた者に限る）であった者に限る。

Q2-18　加入前の繰越欠損金の切捨て

グループ通算制度における加入前の繰越欠損金の切捨てについて，その取扱いを教えてください。

A ....

　子法人が，グループ通算制度に新たに加入する場合，時価評価の対象となる子法人の加入前の繰越欠損金は切り捨てられます。

　したがって，時価評価の対象外となる子法人の加入前の繰越欠損金は特定欠損金としてグループ通算制度に持ち込むことができます。

　ただし，時価評価の対象外となる子法人であっても，加入前の繰越欠損金について，支配関係発生後に新たな事業を開始した場合(注)には，加入前の繰越欠損金のうち，次に掲げるものが切り捨てられます。

① 支配関係発生前に生じた繰越欠損金
② 支配関係発生前から有する資産の加入前の実現損からなる繰越欠損金

(注)　「支配関係発生後に新たな事業を開始した場合」が具体的にどのような場合をいうのか？グループ通算制度の加入前に新たな事業を開始した場合はどうなるのか？欠損等法人の制限規定との関係は？等については，今後，法令で明らかになるものと思われます。

　ただし，親法人との間に支配関係が5年超又は設立日からある場合，又は，通算グループ内のいずれかの法人と共同事業性がある場合，上記①及び②の加入前の繰越欠損金は切り捨てられません。

　ここで，支配関係が5年超又は設立日からある場合又は共同事業性がある場合とは次の法人に該当する場合をいいます。

1．親法人との間に支配関係が5年超又は設立日からある法人
2．通算グループ内のいずれかの法人と共同事業を行う法人として，次の法人
① 加入の直前に親法人との間に支配関係がない法人で，時価評価の対象外となる法人のうち『適格組織再編と同様の要件として次の要件の全てに該当する法人』（「Q2－16」の④の法人）に該当するもの
　(イ)　完全支配関係の継続要件
　(ロ)　従業者継続要件
　(ハ)　主要事業継続要件
　(ニ)　事業関連性要件

  (ホ) 事業規模比5倍以内要件又は特定役員継続要件
② 加入の直前に親法人との間に支配関係がある法人で次の要件の全てに該当するもの
  (イ) 当該法人の主要な事業と通算グループ内のいずれかの法人の事業との事業関連性要件
  (ロ) 上記(イ)の各事業の事業規模比5倍以内要件又は当該法人の特定役員継続要件
  (ハ) 当該法人の上記(イ)の主要な事業の事業規模拡大2倍以内要件又は特定役員継続要件
   上記の各要件は，組織再編成の欠損金の制限におけるみなし共同事業要件と同様とする。
③ 非適格株式交換等により加入した株式交換等完全子法人で共同で事業を行うための適格株式交換等の要件のうち対価要件以外の要件に該当するもの
   ここで，対価要件とは，「株式交換で株式交換完全子法人の株主に株式交換完全親法人の株式又は株式交換完全支配親法人株式のいずれか一方の株式以外の資産が交付されないこと」をいい，対価要件以外の要件とは次の要件をいう。
  (イ) 事業関連性要件
   株式交換完全子法人の子法人事業（株式交換完全子法人の株式交換前に行う主要な事業のうちのいずれかの事業をいう）と株式交換完全親法人の親法人事業（株式交換完全親法人の株式交換前に行う事業のうちのいずれかの事業をいう）とが相互に関連するものであること。
  (ロ) 従業者継続要件
   株式交換完全子法人の株式交換の直前の従業者のうち，その総数のおおむね80％以上に相当する数の者が株式交換完全子法人の業務に引き続き従事することが見込まれていること。
  (ハ) 主要事業継続要件
   株式交換完全子法人の子法人事業（親法人事業と関連する事業に限る）が株式交換完全子法人において引き続き行われることが見込まれていること。
  (ニ) 事業規模比5倍以内要件又は特定役員継続要件
   株式交換完全子法人の子法人事業と株式交換完全親法人の親法人事業（子法人事業と関連する事業に限る）のそれぞれの売上金額，子法人事業と親法人事業のそれぞれの従業者の数若しくはこれらに準ずるものの規模の割合がおおむね5倍を超えないこと又は株式交換前の株式交換完全子法人の特定役員の全てが株式交換に伴って退任をするものでないこと。
  (ホ) 株式交換完全子法人の株主の株式継続保有要件
   株式交換により交付される株式交換完全親法人の株式又は株式交換完全支配親法人株式のいずれか一方の株式（議決権のないものを除く）のうち支配株主に交付されるもの（対価株式）の全部が支配株主により継続して保有されることが見込まれていること。支配株主とは，株式交換の直前に株式交換完全子法

　　人と他の者との間に当該他の者による支配関係がある場合における当該他の者
　　及び当該他の者による支配関係があるもの（株式交換完全親法人を除く）をい
　　う。但し，株式交換直前に株式交換完全子法人と他の者との間に当該他の者に
　　よる支配関係がないときは，この株式継続保有要件はないものとする。
　㈭　株式交換完全親法人の株式継続保有要件
　　　株式交換後に株式交換完全親法人と株式交換完全子法人との間に株式交換完
　　全親法人による完全支配関係が継続することが見込まれていること

以上を整理すると次頁のフローチャートのようになります。

82

[図表　グループ通算制度の加入前の繰越欠損金のフローチャート]

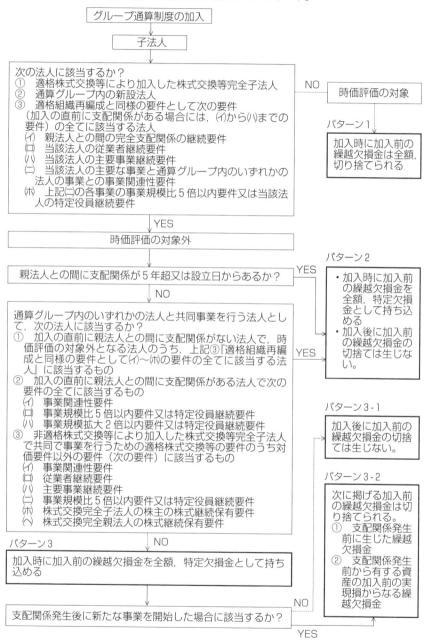

[図表　支配関係発生後に新たな事業を開始した場合の加入前の繰越欠損金の切捨て]

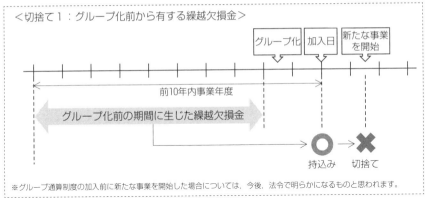

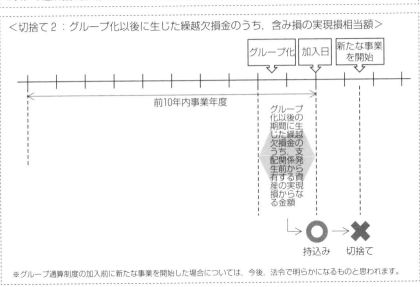

Q2-19 開始・加入後に生じる開始・加入前の含み損等の損金算入又は損益通算の制限

> グループ通算制度の開始・加入後に生じる開始・加入前の含み損等の損金算入又は損益通算の制限について，その取扱いを教えてください。

A ⋯⋯⋯⋯⋯⋯⋯⋯⋯⋯⋯⋯⋯⋯⋯⋯⋯⋯⋯⋯⋯⋯⋯⋯⋯⋯⋯⋯

　グループ通算制度を開始又はグループ通算制度に加入する場合，時価評価の対象外となる親法人又は子法人において，開始・加入前の資産の含み損等について，次のとおり，損金算入又は損益通算の制限を行います。

> ① 支配関係発生後に新たな事業を開始した場合には，適用期間※1において生じる支配関係発生前から有する資産の開始・加入後の実現損を損金不算入とする。
> ② 原価及び費用の額の合計額のうちに占める損金算入される減価償却費の額の割合が30％を超える場合には，適用期間※2内の日の属する事業年度において通算グループ内で生じた欠損金について，損益通算の対象外とした上で，特定欠損金とする。
> ③ 上記①又は②のいずれにも該当しない場合には，通算グループ内で生じた欠損金のうち，適用期間※2において生じる支配関係発生前から有する資産の実現損から成る欠損金について，損益通算の対象外とした上で，特定欠損金とする。
> ※1. 開始・加入日と新たな事業の開始日の属する事業年度開始日のいずれか遅い日から開始・加入日以後3年経過日と支配関係発生日以後5年経過日のいずれか早い日までの期間をいう。
> ※2. 開始・加入日から同日以後3年経過日と支配関係発生日以後5年経過日のいずれか早い日までの期間をいう。
> 　制限の対象となる資産の実現損の額は，組織再編税制における特定資産に係る譲渡等損失額の損金不算入制度と同様とする。

　ただし，親法人との間（親法人にあっては，いずれかの子法人との間）に支配関係が5年超又は設立日からある場合，又は，通算グループ内のいずれかの法人と共同事業性がある場合，上記①②③の制限は課されません。

　ここで，支配関係が5年超又は設立日からある場合又は共同事業性がある場合とは，Q2-17又はQ2-18で解説した要件と同じになります。

　以上を整理すると次のフローチャートのようになります。

[図表　グループ通算制度の開始・加入後に生じる開始・加入前の含み損等の損金算入又は
　　　損益通算の制限のフローチャート]

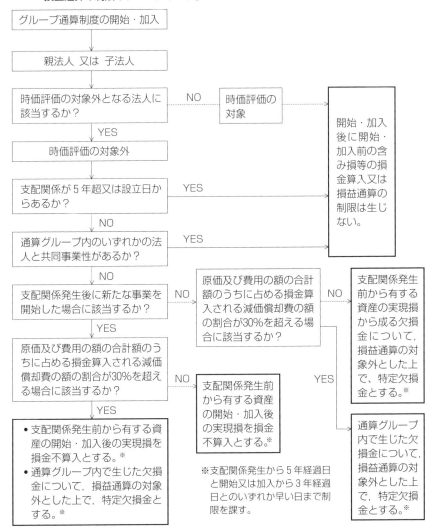

[図表　支配関係発生後に新たな事業を開始した場合の含み損の損金算入制限]

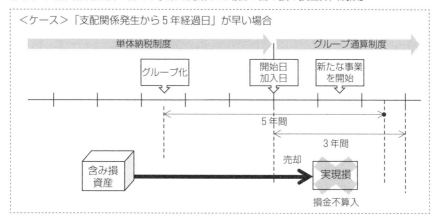

[図表　構造的に償却費等の損失が発生する事業を行う場合の欠損金の損益通算制限]

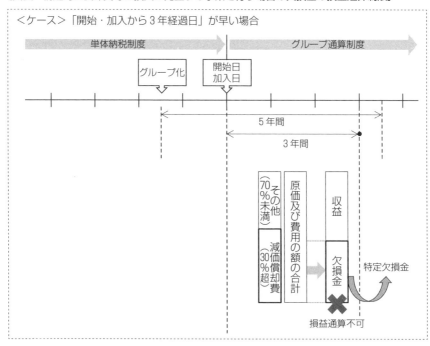

［図表　いずれにも該当しない場合の含み損の損益通算制限］

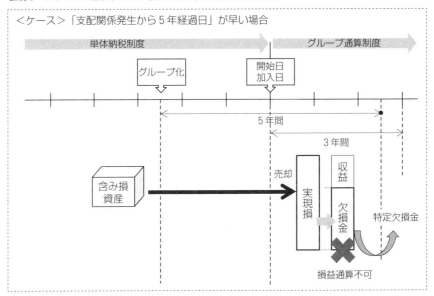

Q2-20 SRLYルールの適用関係

> 連結納税制度では，親法人の開始前の繰越欠損金にSRLY
> ルールは適用されていませんが，グループ通算制度ではどう
> なりますか？ また，グループ通算制度において，SRLY
> ルールが適用される繰越欠損金の種類を教えてください。

A ....

　専門家会合では，子法人の開始・加入前の繰越欠損金にはSRLYルールを適用するが，親法人の開始前の繰越欠損金については両論を併記して結論を持ち越していました。

　ここで，SRLYルールとは，制度に持ち込んだ開始・加入前の繰越欠損金を自己の所得を限度にしか使用させない措置をいいます。

　大綱では，グループ通算制度の開始・加入前の繰越欠損金のうち，開始・加入により切り捨てられなかったものは，特定欠損金（その法人の所得の金額を限度として控除ができる欠損金をいう）とする，とされています。

　したがって，グループ通算制度では，親法人にもSRLYルールが適用されることになります。

　このことは，現行制度の採用動機として一番多い，親法人の開始前の繰越欠損金の相殺による節税効果が新制度では実現しないことを意味します。

　連結納税制度とグループ通算制度における欠損金の種類の違いは次のとおりとなります。

　なお，グループ通算制度の施行前に既に連結納税制度を採用している場合は，親法人の開始前の繰越欠損金（現行制度の非特定連結欠損金）はグループ通算制度に非特定欠損金（SRLYルールが適用されない欠損金）として持ち込めるため，親法人に繰越欠損金がある場合，駆け込みで連結納税制度を採用することを検討する必要があります。

［図表　特定欠損金と非特定欠損金の種類（連結納税制度との違い）］

	連結納税制度 （現行制度）	グループ通算制度 （新制度）
特定欠損金※	①　子法人の開始・加入前の繰越欠損金	①　親法人の開始前の繰越欠損金 ②　子法人の開始・加入前の繰越欠損金 ③　原価及び費用の額の合計額のうちに占める損金算入される減価償却費の額の割合が30％を超える場合の損益通算の対象外となった欠損金 ④　損益通算の対象外となった支配関係発生前から有する資産の実現損から成る欠損金
非特定欠損金	①　制度適用後にグループ内で生じた繰越欠損金 ②　親法人の開始前の繰越欠損金	①　制度適用後にグループ内で生じた繰越欠損金（上記③④を除く）

※SRLYルール（制度に持ち込んだ開始・加入前の繰越欠損金を自己の所得を限度にしか使用させない措置）を適用。

Q2-21 利益・損失の二重計上の防止（投資簿価修正制度）

> グループ通算制度では，連結納税制度と比較して投資簿価修正制度はどう変わりますか？

A ....

　連結納税制度における投資簿価修正について，グループ通算制度では次の制度に改組します。

---

① 通算グループ内の子法人の株式の評価損益及び通算グループ内の他の法人に対する譲渡損益を計上しない。

② 通算グループからの離脱法人の株式の離脱直前の帳簿価額を離脱法人の簿価純資産価額に相当する金額とする。

③ 開始・加入をする子法人で親法人との間に完全支配関係の継続が見込まれないものの株式について，株主において時価評価により評価損益を計上する。

　なお，開始・加入後損益通算をせずに 2 か月以内に通算グループから離脱する法人については，上記①から③までを適用しない。

　今回の見直しは，「緩和・縮小」が一つのキーワードとなっていますが，この投資簿価修正の見直しについては，利益・損失の二重計上の防止を強化する改正であるといえます。

1　通算グループ内の子法人の株式の評価損益及び譲渡損益の計上制限

　連結納税制度では，含み損のある資産を有する子法人の株式を有するグループ内法人が，その子法人の株式について，①評価損を計上し，又はグループ内譲渡（非適格組織再編成を含む）を 2 回行って譲渡損を計上した後に，②その子法人がその資産の含み損を実現することによって，損失の 2 回控除を行うことが可能となっています。

　そのため，グループ通算制度では，上記①の見直しを行うことにより，企業グループから子法人を離脱させずに子法人株式と資産の損失を 2 回控除するという租税回避行為を防止することになります。

　例えば，次のようなイメージとなります。

[図表　通算グループ内の子法人の株式の評価損益及び譲渡損益の計上制限]

【ケース1】　子法人株式の評価損益の計上の制限

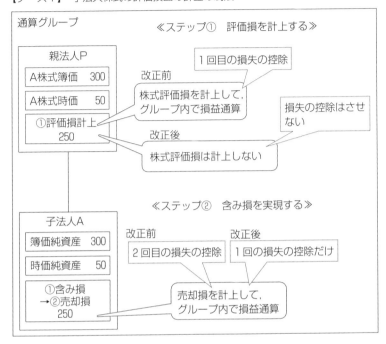

【ケース2】 子法人株式の譲渡損益の計上の制限

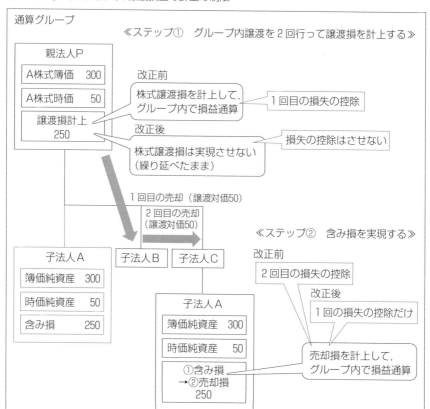

2 離脱法人株式の簿価純資産価額への投資簿価修正

　離脱時に離脱法人株式の帳簿価額を簿価純資産価額に修正するということは，開始・加入時に子法人株式の帳簿価額を簿価純資産価額と一致させているのと同じことになります。

　そのため，結果的に開始・加入前に生じた株式評価損益（ここでは株式の帳簿価額と簿価純資産価額の差額を意味しています）がグループ内に持ち込まれないことになります。

　例えば，次のようなイメージになると考えられます。

[図表　離脱法人株式の帳簿価額を簿価純資産価額に簿価修正]

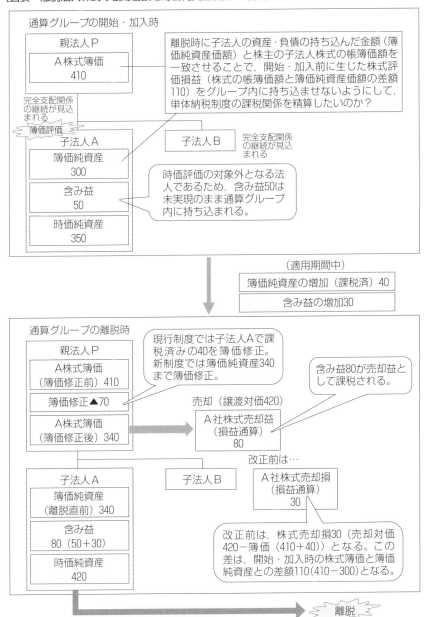

3 完全支配関係の継続が見込まれない場合における子法人の時価評価損益と株主の株式評価損益の計上

　グループ通算制度では，通算開始直前事業年度終了時又は加入日において，完全支配関係の継続が見込まれない通算子法人（時価評価対象法人に限る）の株式を有する他の通算法人（株式等保有法人）において，その通算子法人の株式の評価益又は評価損を株式等保有法人の通算開始直前事業年度又は加入日の前日の属する事業年度において益金又は損金に算入します（改正法案の法人税法第64条の11第2項，第64条の12第2項）。ただし，株式等保有法人が時価評価対象法人に該当し，当該株式について時価評価をする場合は除きます。

　例えば，次のようなイメージとなります。

[図表　完全支配関係の継続が見込まれない場合における子法人の時価評価損益と株主の株式評価損益の計上]

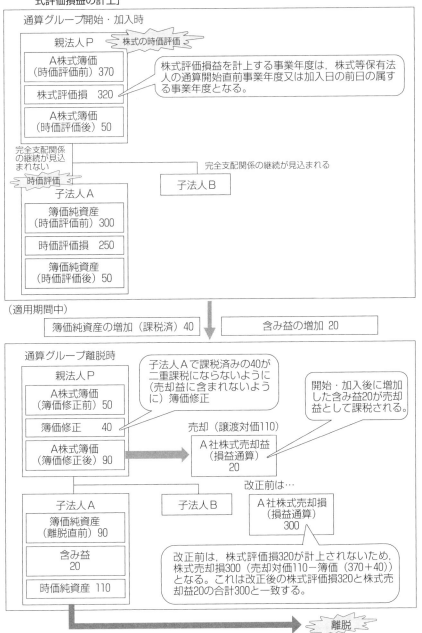

Q2-22 通算グループからの離脱

グループ通算制度では，通算グループから離脱した法人の取扱いについて，連結納税制度と比較してどう変わりますか？

A ....

　グループ通算制度では，通算グループから離脱した法人は次のような取扱いとなります。

1. 連結納税制度と同様に，通算グループから離脱した法人は，5年間再加入を認めない。

2. 通算グループから離脱した法人が次に掲げる場合に該当する場合には，それぞれ次の資産については，直前の事業年度において，時価評価により評価損益の計上を行う。

時価評価を行う事由	対象となる資産
イ．主要な事業を継続することが見込まれていない場合（離脱の直前における含み益の額が含み損の額以上である場合を除く）	固定資産，土地等，有価証券（売買目的有価証券等を除く），金銭債権及び繰延資産（これらの資産のうち帳簿価額が1,000万円未満のもの及びその含み損益が資本金等の額の2分の1又は1,000万円のいずれか少ない金額未満のものを除く）
ロ．帳簿価額が10億円を超える資産の譲渡等による損失を計上することが見込まれ，かつ，その法人の株式の譲渡等による損失が計上されることが見込まれている場合	その資産

　令和元年8月27日開催の政府税制調査会の総会で，専門家会合が報告した『連結納税制度の見直しについて』によると，この見直しの目的について次のように記載されています。

ロ　離脱時の時価評価等

　現行制度では，連結グループを離脱する法人はその資産を帳簿価額のままで持ち出すことができるが，組織再編税制では，例えば，事業継続の見込みがないなどの理由により非適格となる組織再編成を行った場合には，移転させる資産・負債について時価譲渡として取り扱われている。

　例えば，新制度適用後の企業グループから，含み損のある資産を有する法人が離脱する場合，その企業グループ内に残る法人においては，離脱する法人の株式を売却することによる譲渡損を計上することができ，また，離脱した法人は離脱後にその資産の含み損（譲渡損）を実現させ，自己の所得から控除することができる。

　株式や資産等を利用した損失の2回控除について，アメリカにおいては，これを租税回避とし，これを防止するための累次の規則改訂が行われてきた。

　組織再編税制においては，法人が含み損益のある資産を現物出資して株式を取得する場合に，事業の継続の見込み等の要件を満たさなければ，その現物出資を非適格とすることによって，資産の含み損益をそのままにして同額の含み損益をもった株式が作出されることが防がれている。そこで，組織再編税制との整合性を図りつつ，損失の2回控除を防ぐため，新制度適用後の企業グループから離脱する法人が，その行う事業について継続の見込みがないなどの場合には，離脱時にその法人の資産を時価評価させることとし，その評価損益を投資簿価修正の対象とするなどの方法により対処することが適当と考えられる。

Q2-23 開始，加入，離脱時の譲渡損益調整資産の譲渡損益等の取扱い

> グループ通算制度では，開始，加入，離脱前の譲渡損益調整資産の譲渡損益等はどのような取扱いになりますか？

A ....

グループ通算制度では，親法人又は子法人が開始，加入，離脱前に有する譲渡損益調整資産の譲渡損益等は，開始，加入，離脱時の時価評価により実現処理を行うことになります。

具体的には，次の取扱いになります。

1 開始・加入時に時価評価する場合の実現処理

グループ通算制度の開始・加入前の譲渡損益調整資産の譲渡損益及びリース取引に係る延払損益で繰り延べているもの（1,000万円未満のものを除く）並びに特定資産の買換え等に係る特別勘定の金額（1,000万円未満のものを除く）については，連結納税制度と同様に，時価評価の適用除外となる法人に該当する場合を除き，その繰り延べている損益の計上及びその特別勘定の金額の取崩しを行う。

2 離脱時に時価評価する場合の実現処理

通算グループからの離脱前の譲渡損益調整資産の譲渡損益及びリース取引に係る延払損益で繰り延べているもの並びに特定資産の買換え等に係る特別勘定の金額については，次に掲げる場合の区分に応じそれぞれ次のとおりとする。

イ）　主要な事業を継続することが見込まれていない場合（離脱の直前における含み益の額が含み損の額以上である場合を除く）

　⇒その繰り延べている損益（1,000万円未満のものを除く）の計上及びその特別勘定の金額（1,000万円未満のものを除く）の取崩しを行う。

ロ）　譲渡損益調整資産の譲渡損で繰り延べている金額が10億円を超えるものの戻入れが見込まれ，かつ，その法人の株式の譲渡等による損失が計上されることが見込まれている場合

　⇒その繰り延べている損失の計上を行う。

Q2-24 受取配当金の益金不算入制度

> グループ通算制度では，受取配当金の益金不算入制度はどのような取扱いになりますか？

A ....

　受取配当金の益金不算入制度について，連結納税制度では，グループ調整計算（グループ全体で益金不算入額を計算）となりますが，グループ通算制度では，一部グループ調整計算が残るようですが，計算を簡素化するため，次の取扱いに見直されます。

　なお，受取配当金の益金不算入制度については，グループ通算制度への移行にあわせて単体納税制度においても同様の取扱いに見直されます。

---
(1) 関連法人株式等に係る負債利子控除額を，関連法人株式等に係る配当等の額の100分の4相当額（その事業年度において支払う負債利子の額の10分の1相当額を上限とする）とする。
(2) 関連法人株式等又は非支配目的株式等に該当するかどうかの判定については，100％グループ内（現行：連結グループ内）の法人全体の保有株式数等により行う。
(3) 短期保有株式等の判定については，各法人で行う。

　上記の負債利子控除額の上限額の計算について，単体納税制度では個社ごとに計算しますが，グループ通算制度では通算グループ全体で計算をする仕組みとすることが予定されています（政令で明らかになるものと思われます）。

　なお，負債利子控除額については，現行制度と比較して有利・不利のいずれになるかは状況によりますが，新制度では，負債利子の10％を限度とするため，借入金を有していない通算グループでは負債利子控除額が生じないことになります。

Q2-25 外国子会社配当金の益金不算入制度

グループ通算制度では，外国子会社配当金の益金不算入制度
はどのような取扱いになりますか？

A ....

　外国子会社配当金の益金不算入制度について，連結納税制度と同様にグルー
プ通算制度でも個別計算となります。

　また，外国子会社の判定（株式保有割合及び保有期間の判定）についても連
結納税制度と同様に連結グループ一体で判定することになります。

Q2-26　寄附金の損金不算入制度

グループ通算制度では，寄附金の損金不算入制度はどのような取扱いになりますか？

A ....

　寄附金の損金不算入制度について，連結納税制度では，グループ調整計算（グループ全体で損金不算入額を計算）となりますが，グループ通算制度では，個別申告方式となるため，単体納税制度と同じく個別計算（各法人で損金不算入額を計算）となります。

　そして，次の取扱いに見直されます。

　なお，寄附金の損金不算入制度については，グループ通算制度への移行にあわせて単体納税制度においても同様の取扱いに見直されます。

---

(1)　寄附金の損金算入限度額の計算の基礎となる資本金等の額について，資本金の額及び資本準備金の額の合計額とする。
(2)　寄附金の損金不算入額は，各法人において計算する。

　また，交際費等の損金不算入制度については，その適用期限が令和 4 年 4 月 1 日以後に開始する事業年度以後に延長されることが決まった際に，グループ通算制度における取扱いが決まるものと思われます。

Q2-27 貸倒引当金

グループ通算制度では，貸倒引当金はどのような取扱いになりますか？

A ....

　貸倒引当金の損金算入制度について，グループ通算制度では，連結納税制度と同様に個別計算となります。

　ただし，グループ通算制度の移行にあわせた見直しとして，100％グループ内（現行：連結グループ内）の法人間の金銭債権を貸倒引当金の対象となる金銭債権から除外します。

　つまり，グループ通算制度であっても，単体納税制度であっても，100％グループ法人間（現行：連結法人間）の金銭債権は，貸倒引当金の対象となる金銭債権から除外されます。

Q2-28 　欠損等法人の制限規定

> グループ通算制度では，欠損等法人の制限規定は連結納税制度と比べてどのように変わりますか？

A ....

　連結納税制度では，特定株主等によって支配された欠損等法人の欠損金の繰越しの不適用制度について，欠損等連結法人に該当するかどうかの判定及びその適用は連結グループ全体で行うことになります。

　グループ通算制度では，個別申告方式への変更に伴い，特定株主等によって支配された欠損等法人の欠損金の繰越しの不適用制度及び資産の譲渡等損失額の損金不算入制度について，欠損等法人に該当するかどうかの判定及びその適用は，各法人で行うことになります。

104

Q2-29　期限切れ欠損金の損金算入制度

> グループ通算制度では，特例欠損金の損金算入制度（いわゆる，期限切れ欠損金の損金算入制度）はどのような取扱いになりますか？

A ....

　グループ通算制度では，個別申告方式に変更することに伴い，会社更生等による債務免除等があった場合の欠損金の損金算入制度を以下のように見直します。

(1)　民事再生等一定の事実による債務免除等があった場合に青色欠損金等の控除前に繰越欠損金を損金算入できる制度について，グループ通算制度の適用法人の控除限度額は，当該法人の損益通算及び青色欠損金等の繰越控除前の所得の金額と通算グループ内の各法人の損益通算及び青色欠損金等の繰越控除前の所得の金額の合計額から欠損金額の合計額を控除した金額とのうちいずれか少ない金額とする。

(2)　民事再生等一定の事実による債務免除等があった場合に青色欠損金等の控除後に繰越欠損金を損金算入できる制度及び解散の場合の繰越欠損金の損金算入制度について，グループ通算制度の適用法人の控除限度額は，当該法人の損益通算及び青色欠損金等の繰越控除後の所得の金額とする。

(3)　損金算入の対象となる債務免除益等の金額について，グループ通算制度においては，債務免除に係る債権を有する者等から除かれている法人を，親法人，適用対象となる法人及び債務免除等の相手方である法人の事業年度が同日に終了する場合のその相手方である通算グループ内の法人とする。

Q2-30　中小法人の判定

グループ通算制度では，中小法人の判定はどのような取扱いになりますか？

A ……………………………………………………………………………………

　グループ通算制度では，次の優遇措置における中小法人の判定について，通算グループ内のいずれかの法人が中小法人に該当しない場合には，通算グループ内の全ての法人が中小法人に該当しないことになります。

［中小法人の優遇措置］
①　貸倒引当金の損金算入制度の適用
②　繰越欠損金の控除限度額の拡大（50％→100％）
③　軽減税率の適用
④　特定同族会社の特別税率の不適用

　連結納税制度では，連結親法人が中小法人に該当する場合に優遇措置が適用できます（ただし，連結子法人における貸倒引当金の損金算入制度については，連結親法人及びその連結子法人の両方が中小法人に該当する場合に適用できます）。つまり，連結子法人が中小法人に該当しない場合であっても，連結親法人が中小法人に該当する場合，優遇措置を適用できることになります。

　グループ通算制度では，通算グループ内のいずれかの法人が中小法人に該当しない場合には，通算グループ内の全ての法人が中小法人に該当しないことになるため，連結納税制度より中小法人の範囲が狭くなります。

　具体的には，連結納税制度とグループ通算制度で，次のような違いが生じます。

[図表　中小法人の範囲]

[ケース1]　親法人の資本金が1億円以下の
　　　　　　ケース

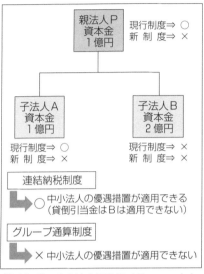

[ケース2]　親法人の資本金が1億円超5億
　　　　　　円未満のケース

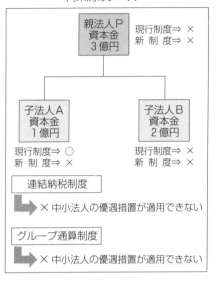

（注1）○→中小法人に該当する，×→中小
　　　　法人に該当しない（ケース2，3，4
　　　　で同じ）

（注2）親法人は，大法人（資本金の額が
　　　　5億円以上の法人）の100％子法人，
　　　　100％グループ内の複数の大法人に
　　　　発行済株式の全部を保有されている
　　　　法人には該当しないものとする
　　　　（ケース2，3で同じ）。

［ケース 3 ］　親法人の資本金が 5 億円以上の
　　　　　　　ケース

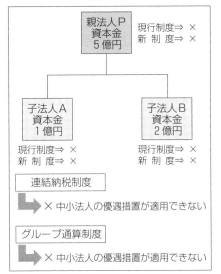

［ケース 4 ］　親法人が大法人の100%子会社
　　　　　　　であるケース

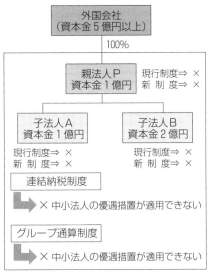

Q2-31 所得税額控除

> グループ通算制度では，所得税額控除はどのような取扱いに
> なりますか？　連結納税制度と同様に，グループ全体で税額
> 控除額を計算しますか？　あるいは，単体納税制度と同様に，
> 各法人で税額控除額を計算しますか？

　所得税額控除について，連結納税制度では，グループ調整計算（グループ全
体で所得税額控除額を計算）となりますが，グループ通算制度では，個別申告
方式となるため，単体納税制度と同じく個別計算（各法人で所得税額控除額を
計算）となります。

Q2-32　外国税額控除

> グループ通算制度では，外国税額控除はどのような取扱いに
> なりますか？　連結納税制度と同様に，グループ全体で税額
> 控除額を計算しますか？　あるいは，単体納税制度と同様に，
> 各法人で税額控除額を計算しますか？

A

　グループ通算制度では，外国税額控除額について，通算グループ内の各法人
の控除限度額の計算は，基本的に連結納税制度と同様となります。

　この点，専門家会合では，研究開発税制及び外国税額控除について，各法人
において計算する方法に変更することも検討されていましたが，結果的に，現
行制度と同様に通算グループ全体で税額控除額を計算することになりました。

　また，損益通算や欠損金の通算と同様に，グループ調整計算の対象となるた
め，次のように，事後的に外国税額控除額に誤りがあることがわかった場合で
も，原則として，各法人の外国税額控除額を当初申告額に固定する措置を講じ
ます。

---

(1)　通算法人の事業年度の税額控除額が期限内申告書に添付された書類に税額控
　　除額として記載された金額と異なる場合には，その記載された金額を当該事業
　　年度の税額控除額とみなす。
(2)　過年度の税額控除額が過年度の期限内申告書に添付された書類に税額控除額
　　として記載された金額を超える場合又は下回る場合には，その差額に相当する
　　金額を進行年度の法人税の額から控除し，又は法人税の額に加算する。
(3)　通算法人又は他の通算法人が税額控除額の計算の基礎となる事実を隠蔽し，
　　又は仮装して税額控除額を増加させることにより法人税の負担を減少させる場
　　合等の要件に該当するときは，上記(1)及び(2)を適用しない。

　上記(1)より，ある法人の税務調査などで外国税額控除額の誤りが見つかった
場合でも，通算グループ内の各法人において当初申告年度の外国税額控除額を
修正・更正しないことになります。その上で，当初申告年度の正しい外国税額
控除額の計算（グループ全体計算）を行い，上記(2)より，その正しい外国税額
控除額との過不足額について進行年度の法人税額で調整を行うことになります。
その点で，損益通算など，他の当初申告額に固定する措置と取扱いが異なりま
す。

Q2-33 特定同族会社の特別税率

> グループ通算制度では，特定同族会社の特別税率はどのような取扱いになりますか？　連結納税制度と同様に，グループ全体で留保税額を計算しますか？　あるいは，単体納税制度と同様に，各法人で留保税額を計算しますか？

　特定同族会社の特別税率について，連結納税制度では，グループ調整計算（グループ全体で留保税額を計算）となりますが，グループ通算制度では，個別申告方式となるため，単体納税制度と同じく個別計算（各法人で留保税額を計算）となります。

　ただし，次の調整を行います。

---

(1) 留保金額の基礎となる所得の金額は，損益通算後の所得の金額とする。

(2) 所得基準の基礎となる所得の金額は，損益通算前の所得の金額とする。

(3) 留保金額の計算上，通算グループ内の法人間の受取配当及び支払配当はなかったものとした上，通算グループ外の者に対する配当の額として留保金額から控除される金額は，①に掲げる金額を②に掲げる金額の比で配分した金額と③に掲げる金額との合計額とする。

　① 各法人の通算グループ外の者に対する配当の額のうち通算グループ内の他の法人から受けた配当の額に達するまでの金額の合計額

　② 通算グループ内の他の法人に対する配当の額から通算グループ内の他の法人から受けた配当の額を控除した金額

　③ 通算グループ外の者に対する配当の額が通算グループ内の他の法人から受けた配当の額を超える部分の金額

　したがって，上記(3)について，グループ調整計算が残ることになります。

Q2-34 欠損金の繰戻しによる還付制度

> グループ通算制度では，欠損金の繰戻しによる還付制度はどのような取扱いになりますか？

A ....

　グループ通算制度における欠損金の繰戻しによる還付制度は次のような取扱いとなります。

---

(1)　通算グループ内の各法人の繰戻しの対象となる欠損金額は，各法人の欠損金額の合計額を還付所得事業年度の所得の金額の比で配分した金額とする。災害損失欠損金額についても同様とする。
　(注)　損益通算の対象外とされる欠損金額は，配分の対象としない。
(2)　解散等の場合の還付請求の特例について，通算グループ内の法人における対象となる事由は，親法人の解散，子法人の破産手続開始の決定並びに各法人の更生手続開始及び再生手続開始の決定とする。

　上記(1)については，損益通算の計算の仕組みと同様に，通算グループ内の法人で当期に生じた欠損金額（損益通算後）を，前期に所得の金額が生じた法人（その欠損金額の生じた法人を含む）にその所得の金額の発生割合で配分して，前期に所得の金額が生じた各法人で繰戻し還付を適用するという考え方になります。

　なお，損益通算の対象外とされる欠損金額とは，原価及び費用の額の合計額のうちに占める損金算入される減価償却費の額の割合が30％を超える場合の損益通算の対象外となった欠損金額，損益通算の対象外となった支配関係発生前から有する資産の実現損から成る欠損金額をいいます。

Q2-35　研究開発税制

> グループ通算制度では，研究開発税制はどのような取扱いに
> なりますか？　連結納税制度と同様に，グループ全体で税額
> 控除額を計算しますか？　あるいは，単体納税制度と同様に，
> 各法人で税額控除額を計算しますか？

A ……………………………………………………………………………

　グループ通算制度では，研究開発税制について，連結納税制度と同様に，通算グループを一体として計算した税額控除限度額と控除上限額とのいずれか少ない金額（税額控除可能額）を各法人の調整前法人税額の比で配分した金額を各法人の税額控除限度額とします。

　この点，専門家会合では，研究開発税制及び外国税額控除について，各法人において計算する方法に変更することも検討されていましたが，結果的に，現行制度と同様に通算グループ全体で税額控除額を計算することになりました。

[図表　試験研究費の税額控除可能額の配分計算]

	親法人P	子法人A	子法人B	合計（通算）
試験研究費※1	0	0	60	60
税額控除可能額	0	0	※3 6	※2 6

> 試験研究費を支出していないが，法人税が発生しているので税額控除できる。

> 試験研究費を支出しているが，法人税が発生しないので税額控除はない。

（P40:A20で配分）

	親法人P	子法人A	子法人B	合計（通算）
所得の金額※1	200	100	0	300
調整前法人税額（20%）	40	20	0	60
税額控除額※4	▲4	▲2	0	▲6
法人税額	36	18	0	54

※1　前提条件。
※2　前提条件。通算グループ全体で税額控除可能額を計算する。
※3　現行制度と同様に，グループ全体の税額控除可能額を試験研究費の比で配分すると仮定する。

※4　グループ全体の税額控除可能額を調整前法人税額の比で配分した金額（税額控除可能分配額）が各法人の税額控除限度額となる。

　また，損益通算や欠損金の通算と同様に，グループ調整計算の対象となるため，次のように，事後的に通算グループ内の法人の各期の試験研究費の額又は当期の調整前法人税額に修正・更正が生じた場合でも，他の法人の試験研究費の税額控除額に影響させない（遮断する）措置を講じます。

---

①　通算グループ内の他の法人の各期の試験研究費の額又は当期の調整前法人税額が確定申告書に記載された各期の試験研究費の額又は当期の調整前法人税額と異なる場合には，確定申告書に記載された各期の試験研究費の額又は当期の調整前法人税額を各期の試験研究費の額又は当期の調整前法人税額とみなす。

②　上記①の場合において，税額控除可能額が確定申告書に記載された税額控除可能額に満たないときは，法人税額の調整等を行う。

　上記①より，ある法人の税務調査などで試験研究費の額又は当期の調整前法人税額に誤りが見つかった場合でも，通算グループ内の他の法人では試験研究費の税額控除額を修正・更正しません。そして，上記②より，誤りが見つかった法人で，自社の試験研究費の額又は当期の調整前法人税額を修正して税額控除可能額の再計算を行い，当初申告税額控除可能額が過大となっていた場合（正しい税額控除可能額＜当初申告税額控除可能額の場合），その法人で法人税額を増額することになります。一方，当初申告税額控除可能額が過少となっていた場合（正しい税額控除可能額＞当初申告税額控除可能額の場合）は法人税の還付は行われません（この点は，法人税の増額更正に連動して税額控除額も増額させる現行制度と異なることになります）。

　なお，その他の特別税額控除制度については，損益通算及び欠損金の通算の措置に基づく各法人の法人税額の一定額を限度とします。

　ただし，損益通算を当初申告額に固定する措置を前提とした濫用防止のための措置その他の措置を講ずることになります。

Q2-36　中小企業者の判定

> グループ通算制度では，中小企業者の判定はどのような取扱いになりますか？

A ....

　グループ通算制度では，次の中小企業者向けの各租税特別措置が適用される中小企業者の判定について，通算グループ内のいずれかの法人が中小企業者に該当しない場合には，通算グループ内の全ての法人が中小企業者に該当しないことになります。

［中小企業者向け租税特別措置］
① 中小企業技術基盤強化税制（研究開発税制）
② 賃上げ及び投資促進税制
③ 設備投資促進税制（中小企業経営強化税制，商業・サービス業活性化税制，中小企業投資促進税制）

　連結納税制度では，上記①②については，連結親法人が中小連結法人（適用除外事業者を除く）に該当する場合に適用できます。また，上記③については，連結親法人又は連結子法人が中小連結法人（適用除外事業者を除く）に該当する場合に適用できます。

　ここで，中小連結法人とは，連結親法人が中小企業者に該当する場合のその連結親法人又はその連結子法人（資本金１億円以下のものに限る）をいいます。

　つまり，上記①②については，連結子法人が中小連結法人に該当しない場合であっても，連結親法人が中小連結法人に該当する場合，適用することができます。

　グループ通算制度では，通算グループ内のいずれかの法人が中小企業者に該当しない場合には，通算グループ内の全ての法人が中小企業者に該当しないことになるため，連結納税制度より中小企業者の範囲が狭くなります。

　具体的には，連結納税制度とグループ通算制度で，次のような違いが生じます。

[図表　中小企業者の範囲]

[ケース１]　親法人の資本金が１億円以下の　　[ケース２]　親法人の資本金が１億円超の
　　　　　　ケース　　　　　　　　　　　　　　　　　　　　ケース

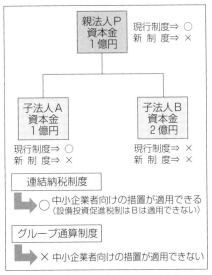

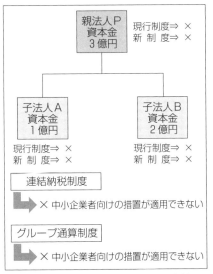

（注１）○→中小連結法人又は中小企業者に
　　　　　該当する
　　　　×→中小連結法人又は中小企業者に
　　　　　該当しない
　　　　（ケース２，３で同じ）

（注２）親法人は，同一の大規模法人に１／
　　　　２以上の株式を所有されている法人
　　　　及び複数の大規模法人に２／３以上
　　　　の株式を所有されている法人に該当
　　　　しない。（ケース２に同じ）
　　　　また，親法人及び子法人は適用除外
　　　　事業者に該当しないものとする
　　　　（ケース２，３で同じ）。
　　　　なお，大規模法人とは，資本金1億
　　　　円超の法人，資本金が5億円以上の
　　　　法人（大法人）の100％子法人，
　　　　100％グループ内の複数の大法人に
　　　　発行済株式の全部を保有されている
　　　　法人をいう。

[ケース３]　親法人が大規模法人の子会社で
　　　　　　あるケース

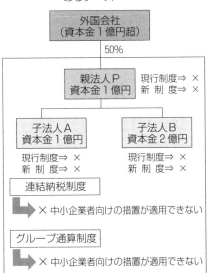

Q2-37 適用除外事業者の判定

グループ通算制度では，適用除外事業者の判定はどのような
取扱いになりますか？

A ··

　中小企業者向け租税特別措置のうち，中小企業技術基盤強化税制（研究開発
税制）や賃上げ及び投資促進税制は，連結親法人が中小連結法人に該当する場
合であっても，連結親法人が適用除外事業者に該当する場合，適用することが
できません。

　また，設備投資促進税制（中小企業経営強化税制，商業・サービス業活性化
税制，中小企業投資促進税制）は，連結親法人又は連結子法人が中小連結法人
に該当する場合であっても，連結親法人又は連結子法人が適用除外事業者に該
当する場合，適用することできません。

　ここで，適用除外事業者とは，平成31年4月1日以後に開始する連結事業年
度において，当連結事業年度開始日前3年以内に終了した各連結事業年度の連
結所得の金額の年平均額（平均連結所得金額）が15億円を超える連結親法人及
び連結子法人をいいます。

　そして，グループ通算制度では，通算グループ内のいずれかの法人の平均所
得金額（前3事業年度の所得の金額の平均）が年15億円を超える場合には，
通算グループ内の全ての法人が適用除外事業者に該当することになります。

　この点，連結納税制度とグループ通算制度で適用除外事業者の範囲が広くな
るか狭くなるかは状況によります。

　具体的には，連結納税制度とグループ通算制度で，次のような違いが生じま
す。

[図表　適用除外事業者の範囲]

[ケース]　各法人で15億円以下，グループ
　　　　　合計で15億円超のケース

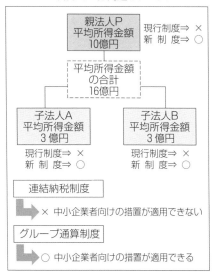

（注1）○→適用除外事業者に該当しない
　　　　×→適用除外事業者に該当する
（注2）親法人及び子法人は資本金1億円以
　　　　下の法人であり，中小連結法人又は
　　　　中小企業者に該当するものとする

Q2-38 その他の租税特別措置等

グループ通算制度では，その他の租税特別措置等について，
見直しはありますか？

A ....

　グループ通算制度では，その他の租税特別措置等について，次の見直しが行われます。

---

① 資産の譲渡に係る特別控除額の特例について，100％グループ内（現行:連結グループ内）の各法人の特別控除額の合計額が定額控除限度額（年5,000万円）を超える場合には，その超える部分の金額を損金不算入とする。

② 過大支払利子税制
　損金不算入額は，各法人において計算する。但し，適用免除基準（対象純支払利子等の額が2,000万円以下であること）の判定については，連結納税制度と同様とする。

Q2-39　税率

> グループ通算制度では，税率はどのような取扱いとなりますか？　また，軽減税率が適用される所得金額は各法人で800万円を限度とできますか？

A

　グループ通算制度では，税率は，通算グループ内の各法人の適用税率によります。

　なお，中小法人の軽減税率の適用対象所得金額は，年800万円を所得法人の所得の金額の比で配分した金額とします。

　この配分は，所得法人の所得の金額が期限内申告における所得の金額と異なる場合には，原則として期限内申告における所得の金額により配分します。

　つまり，年800万円の配分は，所得の金額に修正・更正があった場合も原則として当初申告した所得の金額により配分することを意味します。

Q2-40 申告及び納付

グループ通算制度では，申告及び納付はどのように行われますか？

A

　グループ通算制度における申告及び納付については以下の取扱いとなります。

⑴　親法人及び各子法人が法人税の申告を行う。

⑵　親法人及び各子法人には，通算グループ内の他の法人の法人税について連帯納付責任がある。

⑶　親法人の電子署名により子法人の申告及び申請，届出等を行うことができることとするほか，ダイレクト納付についても所要の措置を講ずる。

⑷　グループ通算制度の適用法人は，電子情報処理組織を使用する方法（e-Tax）により法人税及び地方法人税の確定申告書，中間申告書及び修正申告書を提出しなければならないこととする。

　（注）　添付書類の提出方法及び電子情報処理組織による申告が困難である場合の特例についても，大法人と同様とする。

⑸　仮決算による中間申告は，通算グループ内の全ての法人が行わなければならないこととする。

⑹　グループ通算制度の適用法人の申告については，連結納税制度と同様に，申告期限の延長特例による延長期間を原則2か月とする。

⑺　災害等により決算が確定しない場合等の申告期限の延長及び上記⑹の延長特例の申請は親法人が行うものとし，親法人に延長処分があった場合におけるその子法人及び上記⑹の延長特例を受けている通算グループに加入した子法人は，申告期限が延長されたものとみなす。

⑻　グループ通算制度の適用法人について，通算グループからの離脱があった場合には，その離脱後に開始する事業年度について，上記⑹の延長は効力を失う。

⑼　国税通則法の災害等による期限延長制度により通算グループ内のいずれかの法人の申告期限が延長された場合には，他の法人についても申告期限の延長があったものとする。

Q2-41 グループ内の税金精算

> グループ通算制度でも，連結納税制度と同様に，グループ内の税金精算は任意となりますか？　また，連結納税制度では自己の個別帰属額について，連結親法人との間で精算をしますが，グループ通算制度では精算金額はどのように計算しますか？　さらに，グループ内の精算金額について，税務上，どのような取扱いとなりますか？

A

改正法案では，グループ内の精算に関連して次のような定めがあります。

〔税効果相当額の授受（改正法案の法人税法26④・38③）〕

> 　内国法人が他の内国法人との間で通算税効果額を授受する場合には，その授受する金額は，益金の額及び損金の額に算入しないこととする。
> （注）　上記の「通算税効果額」とは，グループ通算制度を適用することにより減少する法人税及び地方法人税の額に相当する金額として内国法人間で授受される金額をいう。

　まず，この定めから，連結納税制度と同様に，グループ通算制度においても，他の所得法人に移転した欠損金額や繰越欠損金額に対応する税額（所得法人における税負担の減少額）をグループ内で精算する実務を想定していることがわかります。

　ただし，連結納税制度では，各連結子法人の個別帰属額を連結親法人との間で精算することになりますが，グループ通算制度では，「グループ通算制度を適用することにより減少する法人税及び地方法人税の額に相当する金額」（通算税効果額）を通算グループ内で精算することになります。

　これは，グループ通算制度では，所得の金額の計算について，欠損法人が欠損金額や繰越欠損金額を所得法人に移転する又は所得法人は移転を受ける仕組みとなるためです。

　なお，通算グループ内の通算税効果額の精算は，実務上，連結納税制度と同様に，親法人を通して行うことになると考えられます。

　グループ通算制度では，欠損金額や繰越欠損金額はプロラタ計算で一律に他の法人に配分されますが，親法人との精算にすることよって，通算税効果額に

ついて，どの法人にいくら移転したか，どの法人からいくら移転を受けたかを明確にする必要がなくなります。

　そして，グループ内の精算を行う場合に，連結納税制度と同様に，通算税効果額を授受する場合には，その授受する金額は，益金の額及び損金の額に算入しないことになります。

　そのため，税務上は，連結納税制度と同様に，通算税効果額について，グループ内で精算するかどうかは任意でよい，ことになります。

　ただし，会計上は，通算税効果額をグループ内で精算することによって，連結納税制度と同様に，純粋に自己の税負担額又は税減少額を損益計算書において「法人税，住民税及び事業税」とすることができます。また，繰延税金資産の回収可能性についても連結納税制度と同様に通算グループ内の他の法人の所得の金額を含めて判断することができることになります。

　そのため，実務上は，グループ通算制度においても，連結納税制度と同様に，グループ内の精算が行われることが想定されます。

　グループ内の精算金額の計算，会計処理，税務上の取扱いについて，連結納税制度とグループ通算制度を比較すると以下のとおりとなります。

[図表　連結納税制度のグループ内の税金精算の仕組み]

● 法人税額の計算　　　　※.地方法人税は省略。

	連結親法人P	連結子法人A	連結子法人B	合計（連結）
所得金額	400	200	▲300	300
法人税額(20%)	80	40	▲60	60

● グループ内精算は？

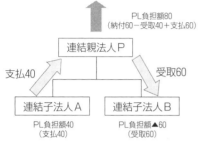

● 会計処理と税務上の取扱いは？

[連結親法人P社]

法人税等（損金不算入）	60	未払法人税等	60
子会社未収入金	40	法人税等（益金不算入）	40
法人税等（損金不算入）	60	子会社未払金	60

[連結子法人A社]

法人税等（損金不算入）	40	親会社未払金	40

[連結子法人B社]

親会社未収入金	60	法人税等（益金不算入）	60

※.住民税，事業税の会計処理は単体納税制度と同じ。

[図表　グループ通算制度で想定されるグループ内の税金精算の仕組み]

● 法人税額の計算　　　　　※.地方法人税は省略。

	親法人P	子法人A	子法人B	合計（通算）
所得金額 （損益通算前）	400	200	▲300	300
損益通算	▲200	▲100	300	0
所得金額 （損益通算後）	200	100	0	300
法人税額（20%）	40	20	0	60

●通算税効果額の計算	損益通算で 減少した税額	損益通算で 減少した税額	損益通算で 減少させた税額	
損益通算	40 （200×20%）	20 （100×20%）	▲60 （▲300×20%）	0

● グループ内精算は？

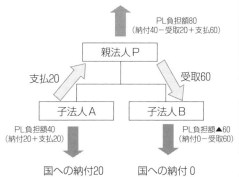

国への納付40

PL負担額80
（納付40－受取20＋支払60）

親法人P

支払20　　　　　受取60

子法人A　　　　子法人B

PL負担額40
（納付20＋支払20）

PL負担額▲60
（納付0－受取60）

国への納付20　　国への納付0

● 会計処理と税務上の取扱いは？

[親法人P社]

法人税等 （損金不算入）	40	未払法人税等	40
子会社未収入金	20	法人税等 （益金不算入）	20
法人税等 （損金不算入）	60	子会社未払金	60

[子法人A社]

法人税等 （損金不算入）	20	未払法人税等	20
法人税等 （損金不算入）	20	親会社未払金	20

[子法人B社]

法人税等 （損金不算入）	0	未払法人税等	0
親会社未収入金	60	法人税等 （益金不算入）	60

※.住民税，事業税の会計処理は単体納
　税制度と同じ。

　ただし，通算税効果額（グループ内の精算金額）の算定方法については，法令で定められないことが予想されるため，その算定方法が会計基準や当局からの公表資料で明確にされるか注目する必要があります。仮に，法令や会計基準等で定められない場合は，各通算グループにおいて通算税効果額の算定基準（ルール）を用意する必要が生じます。

　この場合，例えば，実務上，問題となるのは，試験研究費の税額控除額に係る通算税効果額をグループ内で精算するかという点です。

　グループ通算制度では，研究開発税制について，グループ全体で計算した税額控除可能額を各法人の法人税額の比で配分することになるため，所得が生じない法人で支出した試験研究費に対応する税額控除可能額が，他の所得が生じる法人に配分された場合にその通算税効果額をその所得が生じない法人とその所得が生じる法人との間（税額控除可能額を移転した法人と移転を受けた法人との間）で精算するかどうかを通算グループごとに決定する必要があります。

　この点，通算グループ内の税務方針によりますが，連結納税制度と税負担額又は税減少額を一致させたい場合は，試験研究費の税額控除額に係る通算税効果額もグループ内で精算する必要があります。

　そして，この場合，上記と同じ会計処理と税務上の取扱いになります。

　また，税務調査で修正・更正があった場合（例えば，損益通算又は欠損金の通算について税務署長による再計算で修正・更正が生じた場合，試験研究費の税額控除額について，遮断方式又は再計算方式で修正・更正が生じた場合など）に，グループ内の税金精算をするかについても実務上，問題となると思われます。

[図表　試験研究費の税額控除額に係る通算税効果額のグループ内の精算]

● 試験研究費の税額控除可能額の配分計算

	親法人Ｐ	子法人Ａ	子法人Ｂ	合計（通算）
試験研究費※1	0	0	60	60
税額控除可能額	0	0	※2　6	※1　6
調整前法人税額※1	40	20	0	60
税額控除額※3	▲4	▲2	0	▲6
法人税額※4	36	18	0	54
	子法人Bから移転を受けた試験研究費の税額控除額	子法人Bから移転を受けた試験研究費の税額控除額	親法人Pと子法人Aに移転した試験研究費の税額控除額	

●通算税効果額の計算

損益通算※1	40	20	▲60	0
試験研究費の税額控除額	4	2	▲6	0
合計	44	22	▲66	0

※1　前提条件
※2　現行制度と同様にグループ全体の税額控除可能額を試験研究費の比で配分すると仮定する。
※3　グループ全体の税額控除可能額を調整前法人税額の比で配分した金額が各法人の税額控除限度額となる。
※4　地方法人税は省略。

● グループ内精算は？

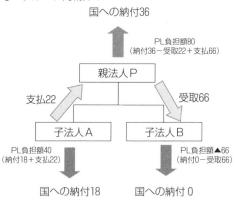

国への納付36

PL負担額80
（納付36－受取22＋支払66）

親法人Ｐ

支払22　　　受取66

子法人Ａ　　　子法人Ｂ

PL負担額40
（納付18＋支払22）

PL負担額▲66
（納付0－受取66）

国への納付18　　国への納付0

● 会計処理と税務上の取扱いは？

[親法人Ｐ社]

法人税等（損金不算入）	36	未払法人税等	36
子会社未収入金	22	法人税等（益金不算入）	22
法人税等（損金不算入）	66	子会社未払金	66

[子法人Ａ社]

法人税等（損金不算入）	18	未払法人税等	18
法人税等（損金不算入）	22	親会社未払金	22

[子法人Ｂ社]

法人税等（損金不算入）	0	未払法人税等	0
親会社未収入金	66	法人税等（益金不算入）	66

※．住民税，事業税の会計処理は単体納税制度と同じ。

Q2-42　地方税

> グループ通算制度において，住民税，事業税はどのような取扱いになりますか？

A ....

　グループ通算制度においても，事業税（所得割）及び住民税（法人税割）については，引き続き，企業グループ内の法人の損益通算の影響が及ばないようにする等の所要の措置を講じます（改正法案の地方税法23①四，292①四，53③④⑥⑪〜⑭⑯〜⑳，321の 8 ③④⑥⑪〜⑭⑯〜⑳，72の18①②，72の23①②）。

1　事業税（所得割）

　以下のとおり，新制度においても，事業税の計算の仕組みは現行制度と変わりません。

(1)　現行制度と同様に，開始・加入前の繰越欠損金の切捨て（新たな事業を開始した場合の切捨てを含む），損益通算，欠損金の通算を適用しない場合の所得の金額に基づいて事業税（所得割）を計算します。付加価値割の単年度損益の計算についても同様です。

(2)　事業税の繰越欠損金を法人税とは別に単体納税と同様に計算する点も同様です。

2　住民税（法人税割）

　以下のとおり，損益通算及び欠損金の通算がプロラタ計算になることによって，法人税割の課税標準（法人税額）の計算過程が大きく変わります。

(1)　法人税割の課税標準を法人税額とする。

(2)　法人税割の課税標準となる法人税額の算定について，次の控除又は加算を行う。

① 法人税で損金算入された通算対象欠損金額がある場合は，加算対象通算対象欠損調整額を加算する。

　『加算対象通算対象欠損調整額』とは，当事業年度で生じた通算対象欠損金額に法人税率を乗じた金額をいいます。これによって，他の通算法人の欠損金額を通算する前の所得の金額に基づいて法人税額を計算することになります。

② 控除対象通算適用前欠損調整額（住民税の欠損金）を控除する。

　『控除対象通算適用前欠損調整額』は，法人税で開始・加入に伴い切り捨てられた繰越欠損金（通算適用前欠損金額）に対応する住民税の繰越欠損金で，現行制度の「控除対象個別帰属調整額」に相当するものです。なお，通算適用前欠損金額には，法人税で新たな事業を開始した場合に切り捨てられた繰越欠損金も含めます（ただし，改正法案からは，最初通算事業年度の翌事業年度以後に新たな事業を開始して切り捨てられた繰越欠損金は含まれないように読むことができます）。

③ 控除対象通算対象所得調整額（住民税の欠損金）を控除する。

　『控除対象通算対象所得調整額』とは，前10年内事業年度において法人税で益金算入された通算対象所得金額に法人税率を乗じた金額で，現行制度の「控除対象個別帰属税額」に相当するものです。

④ 非特定欠損金の配賦額に係る損金算入額について，上記①又は③と同様の加算又は控除を行う。

　上記①～④の調整は，繰越欠損金の切捨てや損益通算等の影響を生じさせないために行う点では現行制度と同様ですが，その計算方法は，グループ通算制度のプロラタ計算に合わせて非常に複雑な仕組みになっています。

Q2-43 単体納税制度の見直し

グループ通算制度の移行に伴い，単体納税制度も変わりますか？

A ....

　グループ通算制度への移行にあわせて，単体納税制度における受取配当金の益金不算入制度や寄附金の損金不算入制度等の見直しが行われます。

---

① 　受取配当等の益金不算入制度について，次の見直しを行う。
　イ）　関連法人株式等に係る負債利子控除額を，関連法人株式等に係る配当等の額の100分の4相当額（その事業年度において支払う負債利子の額の10分の1相当額を上限とする）とする。
　ロ）　関連法人株式等又は非支配目的株式等に該当するかどうかの判定については，100％グループ内（現行:連結グループ内）の法人全体の保有株式数等により行う。
② 　寄附金の損金不算入制度について，損金算入限度額の計算の基礎となる資本金等の額を，資本金の額及び資本準備金の額の合計額とする。
③ 　貸倒引当金について，100％グループ内（現行：連結グループ内）の法人間の金銭債権を貸倒引当金の対象となる金銭債権から除外する。
④ 　資産の譲渡に係る特別控除額の特例について，100％グループ内（現行：連結グループ内）の各法人の特別控除額の合計額が定額控除限度額（年5,000万円）を超える場合には，その超える部分の金額を損金不算入とする。

　したがって，今回のグループ通算制度の創設は，単体納税法人にも影響を与えることになります。

Q2-44　グループ通算制度と青色申告制度の見直し

グループ通算制度の移行に伴い，青色申告制度はどう変わりますか？

A

青色申告制度について次の見直しを行い，グループ通算制度を青色申告制度を前提とした制度とします。

(1)　青色申告の承認を受けていない法人がグループ通算制度の承認を受けた場合には，青色申告の承認を受けたものとみなす。
(2)　グループ通算制度の承認を受けている法人が青色申告の承認を取り消される場合には，取消しの効果は遡及しないこととする。
(3)　グループ通算制度の承認を受けている法人は，青色申告の取りやめをできないこととする。
(4)　グループ通算制度の適用法人に対する国税庁長官，国税局長及び税務署長による帳簿書類についての必要な指示について，連結納税制度と同様とする。

連結納税制度には，青色申告，白色申告の区分がないため，青色申告の承認を受けずに連結納税を適用することとなった連結法人[1]又はグループ内の新設法人となる連結法人[1]について，連結グループから離脱した場合，あるいは，連結納税が取りやめとなった場合，その離脱・取りやめ後にその法人の単体申告を青色申告で行うためには，所定の期限までに青色申告の承認申請書を提出し，その承認を受ける必要があります。[2]

これが，グループ通算制度では，上記(1)の取扱いによって，このような親法人又は子法人も離脱・取りやめ後に青色申告の承認申請書を提出する必要はなくなります。

※1. 連結親法人（株式移転で設立された連結親法人が設立第1期から連結納税を適用する場合など）を含みます。
※2. 連結納税の適用前に既に青色申告の承認を受けている場合は，改めて承認申請を行わなくても，離脱後の単体申告は青色申告となります。

Q2-45 税務調査

> グループ通算制度によって，税務調査はどのように変わりますか？

A ....

　連結納税制度は一体申告方式を採用しているため，連結グループ全体に対して税務調査が行われることになります。また，連結法人が多数に上る場合は，連結法人のうち，調査対象を複数社選定して，それらの連結法人について税務調査を行うことになります。基本的には連結親法人と連結所得に重要な影響を与える連結子法人は毎回調査対象に選ばれることになります。

　一方，グループ通算制度は，個別申告方式を採用するとともに，通算グループ内の法人に修正・更正が生じた場合でも，損益通算できる損失等の額を原則として当初申告額に固定することにより，他の法人の所得金額及び法人税額の計算に反映させない（遮断する）仕組みとなるため，法人税の負担を不当に減少させる結果となると認められるときを除いて，自社のみで税務調査，修正・更正が完結することになります。

　そのため，グループ通算制度では，単体納税制度を採用している場合と同様に，税務調査は各社で単独で行われます。

　したがって，連結納税制度では，連結親法人の経理担当者がグループを代表して連結グループ全体を取り纏める必要がありますが，グループ通算制度では，各法人の税務調査が遮断されることになるため，親法人の経理担当者がグループを代表してグループ全体を取り纏める必要はなく，子法人も他の法人の税務調査が気にならない環境になると思われます。

　ただし，現行制度と同様に，通算グループ内の法人の納税地の所轄国税局又は所轄税務署の職員は，通算グループ内の他の法人に対しても質問検査権を有することになります。

Q2-46 租税回避行為の防止

グループ通算制度では，包括的な租税回避防止規定は設けられますか？

A ………………………………………………………………………………

　グループ通算制度では，個別の場面で，租税回避行為を防止するために，例えば，次のような措置が講じられます。

① 　損益通算又は欠損金の通算において，欠損金の繰越期間に対する制限を潜脱するため又は離脱法人に欠損金を帰属させるためあえて誤った当初申告を行うなど，法人税の負担を不当に減少させる結果となると認められるときは，税務署長はプロラタ方式で全体を再計算することができる。

② 　グループ通算制度の開始又はグループ通算制度への加入に際して，時価評価を行い，繰越欠損金の切捨てを行う。また，含み損等の損金算入又は損益通算を制限するなどの措置を講じる。

③ 　通算グループ内の各法人が外国税額控除額の計算の基礎となる事実を隠廠又は仮装して外国税額控除額を増加させること等により法人税の負担を減少させようとする場合には，通算グループ内の各法人の外国税額控除額を再計算して，その過不足額を当初申告年度の外国税額控除額又は法人税額においてその調整を行う。

　しかし，グループ通算制度に関しては，上記以外にも，多様な租税回避行為が想定されるため，法人税法132条の3（連結法人に係る行為又は計算の否認）を設けている連結納税制度と同様に，包括的な租税回避行為を防止するための規定を設けることになります。

Q2-47 適用時期

グループ通算制度はいつから適用されるのでしょうか？

A ....

　グループ通算制度は，令和 4 年 4 月 1 日以後に開始する事業年度から適用されます。

[図表　グループ通算制度の適用時期]

新制度施行

| 平成31年4月1日 | 令和2年4月1日 | 令和3年4月1日 | 令和4年4月1日 | |

[3 月決算（親法人）の適用]

平成31年4月1日　令和2年4月1日　令和3年4月1日　令和4年4月1日　令和5年4月1日

| 現行制度 | 現行制度 | 現行制度 | 新制度 | |

単体納税に
戻ることも可能
（R4.3.31までに届出）

[12 月決算（親法人）の適用]

平成31年1月1日　令和2年1月1日　令和3年1月1日　令和4年1月1日　令和5年1月1日　令和6年1月1日

| 現行制度 | 現行制度 | 現行制度 | 現行制度 | 新制度 | |

単体納税に
戻ることも可能
（R4.12.31までに届出）

Q2-48 経過措置

> 連結納税制度からグループ通算制度への移行に際して，どのような経過措置が設けられますか？

A ....

連結納税制度からの移行に伴う経過措置は次のとおりとなります。

① 連結納税制度の承認は，令和4年4月1日以後に開始する事業年度においては，グループ通算制度の承認とみなす。

② 連結法人は，連結親法人が令和4年4月1日以後最初に開始する事業年度開始の日の前日までに税務署長に届出書を提出することにより，グループ通算制度を適用しない単体納税法人となることができる。ただし，この場合，グループ通算制度の再開始が5年間できない（改正法案の法人税法附則29③）。

③ 連結納税制度における連結欠損金個別帰属額を，グループ通算制度における繰越欠損金とみなす（改正法案の法人税法附則20①⑦）。また，連結納税制度における特定連結欠損金個別帰属額を，グループ通算制度における特定欠損金額とみなす（改正法案の法人税法附則28③）。

④ 連結欠損金の繰越控除制度において更生法人等として連結欠損金の控除限度額を連結欠損金の控除前の連結所得の金額とされていた連結グループ内の子法人は，グループ通算制度の欠損金の控除限度額を欠損金の繰越控除前の所得の金額の100％相当額とする更生法人等とみなす。

⑤ 連結納税制度の連結法人について，グループ通算制度の移行時に開始・加入の取扱いは適用されない（改正法案の法人税法附則20⑪，27①，30②，31①）。

⑥ グループ通算制度の開始・加入時の時価評価は，令和4年3月31日以後に終了する事業年度において適用される（改正法案の法人税法附則30①）。

⑦ 令和4年3月31日に終了する事業年度において，親法人又は子法人がAに該当する場合，グループ通算制度の適用においてはBとみなして，開始・加入に伴う時価評価及び繰越欠損金の取扱いを適用することができる（できる規定。改正法案の法人税法附則30③⑤，20⑫，27②，28④，31②）。

［開始時］

A （対象となる法人）	B （みなすことができる法人）
新制度の時価評価除外法人に該当しない親法人	新制度の時価評価除外法人
新制度の時価評価除外法人に該当するが，現行制度の特定連結子法人に該当しない子法人	新制度の時価評価対象法人
新制度の時価評価除外法人に該当しないが，現行制度の特定連結子法人に該当する子法人	新制度の時価評価除外法人

［加入時］

A （対象となる法人）	B （みなすことができる法人）
新制度の時価評価除外法人に該当するが，現行制度の特定連結子法人に該当しない子法人	新制度の時価評価対象法人
新制度の時価評価除外法人に該当しないが，現行制度の特定連結子法人に該当する子法人	新制度の時価評価除外法人

　上記①②については，現行制度を採用している連結グループにおいて，新制度に移行するか，単体納税に戻るか，を検討する必要があることを意味しています。

　また，上記③については，グループ通算制度では，親法人の開始前の繰越欠損金にSRLYルールが適用されますが，グループ通算制度の移行前に連結納税制度を採用した場合，親法人の開始前の繰越欠損金（現行制度の非特定連結欠損金個別帰属額）はグループ通算制度では非特定欠損金（SRLYルールが適用されない欠損金）として持ち込めることになります。

　そのため，現行制度の駆け込み採用が増えることが予想されます。

136

Q2-49 グループ通算制度への移行と取りやめ

> 連結納税制度を適用している連結グループは，自動的にグループ通算制度に移行しますか？　また，グループ通算制度に移行しないことができますか？　その場合，単体納税制度に戻りますか？

　連結納税制度を適用している連結グループは，令和4年4月1日以後に開始する事業年度から自動的にグループ通算制度に移行することになります。

　ただし，連結納税制度を適用している連結法人にとって，グループ通算制度への移行は，連結納税制度を承認申請した時点では予期し得なかったことであるため，グループ通算制度に移行することを望まない連結グループは，連結親法人が令和4年4月1日以後最初に開始する事業年度開始の日の前日までに税務署長に届出書を提出することにより，グループ通算制度を適用しない単体納税法人に戻ることができます。

[図表　グループ通算制度に自動的に移行する場合]

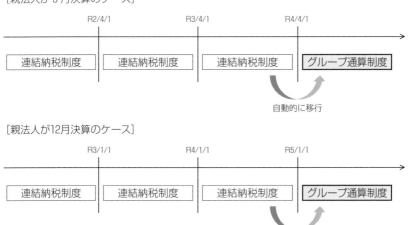

［図表　グループ通算制度への移行を取りやめる場合］

［親法人が 3 月決算のケース］

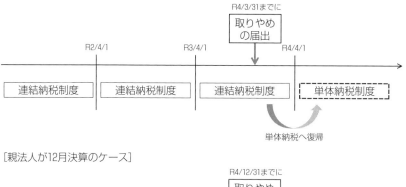

［親法人が12月決算のケース］

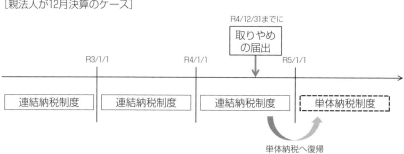

Q2-50 取りやめはいつからできるのか

既に連結納税制度を採用している企業について，連結納税制度を取りやめたい場合，いつから単体納税制度に戻ることができますか？

A ....

　連結法人は，連結親法人が令和4年4月1日以後最初に開始する事業年度開始の日の前日までに税務署長に届出書を提出することにより，本来，自動的に，グループ通算制度を適用することになる法人が選択により単体納税制度に戻ることができる，という取扱いであるため，仮に，早めに取りやめの届出書を提出しても，グループ通算制度の適用開始時期である令和4年4月1日以後最初に開始する事業年度から単体納税制度に戻ることになります（改正法案の法人税法附則29②）。

[図表　単体納税制度にはいつから戻ることができるのか？]

[親法人が3月決算のケース]

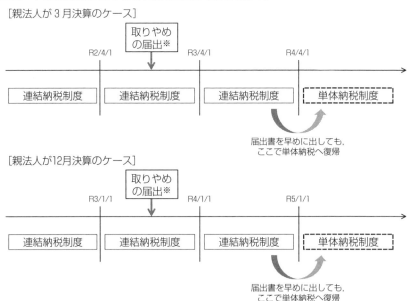

※取りやめの届出をいつから提出できるかについては，今後，法令で明らかにされるものと思われます。

Q2-51 1年だけ連結納税制度を適用して，単体納税制度に戻ることができるか

当年度（令和3年4月1日以後に開始する事業年度）から初めて連結納税制度を採用しますが，1年だけ連結納税制度を適用して，次年度（令和4年4月1日以後に開始する事業年度）から単体納税制度に戻ることはできますか？

A ....

　改正法案の法人税法附則第29条第1項及び第2項では，連結納税制度を何年採用したかなどの条件は設定されていないため，1年だけ連結納税制度を適用して，次年度（令和4年4月1日以後最初に開始する事業年度）から単体納税制度に戻ることも可能になります。

[図表　1年だけ連結納税制度を適用して，単体納税制度に戻ることができるか？]

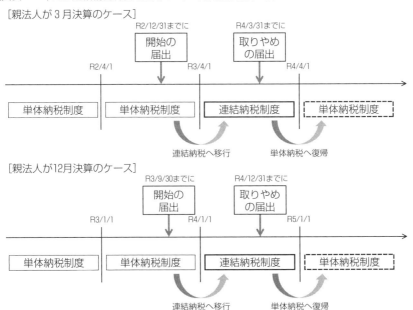

［親法人が3月決算のケース］

［親法人が12月決算のケース］

※なお，この連結納税の取りやめの届出は，連結納税の取りやめの承認や通算制度の取りやめの承認と異なり，やむを得ない事情は不要ですが，例えば，親法人の欠損金を消化するためだけに旧制度の最後の1年だけ連結納税を適用してこの経過措置により通算法人でない法人となるような行為は，「法人税の負担を不当に減少させる」（旧法法4の3②三二，132の3）事実に該当する可能性があるため注意が必要です（令和2年度税制改正の解説904頁）。

Q2-52 現行制度と新制度の併存

連結納税制度とグループ通算制度は併存しますか？

A ....

　グループ通算制度が適用される令和4年4月1日以後に開始する親法人の事業年度では，連結納税制度を採用することはできません。

　これは，現行制度と新制度が併存することとなれば，納税者及び税理士は，いずれの制度が有利かを毎年度それぞれの制度で計算する必要が生ずるという点において事務負担が増大する上，課税庁においても事務負担が増大するため，適当ではないと考えられたためです。

Q2-53　連結欠損金のグループ通算制度移行後の取扱い

連結納税制度における連結欠損金は，グループ通算制度移行後，どのように取り扱われますか？

A ....

　連結納税制度における連結欠損金個別帰属額は，グループ通算制度に移行した場合，自動的に，通算グループ内の各法人の繰越欠損金とみなされます。

　そして，連結納税制度における連結欠損金個別帰属額のうち，非特定連結欠損金個別帰属額（SRLYルール非適用）は，グループ通算制度に移行した場合，非特定欠損金（SRLYルール非適用）とみなされます。

　一方，特定連結欠損金個別帰属額（SRLYルール適用）は，グループ通算制度に移行した場合，特定欠損金（SRLYルール適用）とみなされます。

　したがって，連結納税制度におけるみなし連結欠損金のうち，連結親法人の開始前の繰越欠損金は，現行制度では非特定連結欠損金個別帰属額（SRLYルール非適用）となるため，グループ通算制度では非特定欠損金（SRLYルール非適用）に該当します。

　また，連結子法人の開始・加入前の繰越欠損金は，現行制度では特定連結欠損金個別帰属額（SRLYルール適用）となるため，グループ通算制度では特定欠損金（SRLYルール適用）に該当します。

　そのため，連結親法人の開始前の繰越欠損金について，グループ通算制度から適用を開始した場合，特定欠損金（SRLYルール適用）に該当しますが，連結納税制度から適用を開始した場合，非特定欠損金（SRLYルール非適用）に該当することになります。

　この点で，連結納税制度からの駆け込み採用が増える可能性があります。

［連結欠損金のグループ通算制度への引継ぎ］

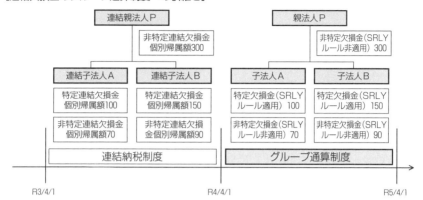

第 **3** 章

グループ通算制度
の税効果会計

Q3-1　グループ通算制度の税金仕訳

グループ通算制度の税金仕訳はどうなりますか？

A ....

　グループ通算制度について，通算税効果額を親法人と他の子法人との間で精算する場合，Ｑ2-41のような税金仕訳となります。

　ここで，「通算税効果額」とは，グループ通算制度を適用することにより減少する法人税及び地方法人税の額に相当する金額として内国法人間で授受される金額をいいます。

Q3-2　連結納税制度の税効果会計

連結納税制度では，繰延税金資産及び繰延税金負債はどのように計算されますか？

A ....

連結納税制度の税効果会計については，企業会計基準委員会から次の会計基準が公表されています。

●実務対応報告第5号「連結納税制度を適用する場合の税効果会計に関する当面の取扱い（その1）」

●実務対応報告第7号「連結納税制度を適用する場合の税効果会計に関する当面の取扱い（その2）」

連結納税制度では，繰延税金資産及び繰延税金負債を単体納税制度と同様に連結納税会社ごとに計算します。

つまり，連結納税制度では，連結納税会社ごとに別表5の2(1)付表1（連結個別利益積立金額及び連結個別資本金等の額の計算に関する明細書）が作成され，別表7の2付表1（連結欠損金当期控除額及び連結欠損金個別帰属額の計算に関する明細書）において繰越欠損金の個別帰属額も計算されるため，税効果の対象となる一時差異等が連結納税会社ごとに把握されることになります。

具体的には次のような手順によって，連結納税会社は繰延税金資産及び繰延税金負債を計上することとなります。

ここで，連結納税制度の税効果会計では，次の用語を次のように定義しています。

連結納税主体：連結納税グループ

連結納税会社：連結納税親会社又は連結納税子会社

連結納税親会社：連結親法人

連結納税子会社：連結子法人

146

［連結納税会社（個別財務諸表）］

① 連結納税会社ごとに財務諸表上の一時差異等を抽出し，繰延税金資産及び繰延税金負債を計算する。
② 法人税及び地方法人税に係る繰延税金資産は両税合わせて連結納税会社ごとに回収可能性を判断する。ただし，各連結納税会社の個別所得見積額だけではなく，他の連結納税会社の個別所得見積額（連結欠損金個別帰属額の回収可能性は連結所得見積額及び個別所得見積額）を考慮してスケジューリングを行う。
③ 住民税又は事業税に係る繰延税金資産は，それぞれ区分して連結納税会社ごとに回収可能性を判断する。つまり，各連結納税会社の個別所得見積額によりスケジューリングを行う。

［連結納税会社（連結財務諸表）］

① 連結納税会社ごとに個別財務諸表において計算された財務諸表上の一時差異等に対する繰延税金資産及び繰延税金負債を合計する。
② 連結納税主体に係る連結財務諸表固有の一時差異に対して，連結納税会社ごとに繰延税金資産及び繰延税金負債を計算する。
③ 法人税及び地方法人税に係る繰延税金資産については，両税合わせて連結納税主体を一体として回収可能性を判断する。つまり，連結所得見積額（連結欠損金個別帰属額の回収可能性は連結所得見積額及び個別所得見積額）によりスケジューリングを行う。具体的には各連結納税会社の個別財務諸表の計上額について，連結納税主体として連結所得見積額により回収可能額を見直す。

Q3-3　連結納税制度の繰延税金資産の回収可能性

連結納税制度の繰延税金資産の回収可能性はどのように判断されますか？

A ....

　連結納税制度では，損益通算及び欠損金の通算が行われるため，連結グループを一体として繰延税金資産の回収可能性を判定します。

　つまり，次のように，連結納税制度では，他の連結納税会社の課税所得により回収可能性が増加する場合があるとともに，他の連結納税会社の欠損金により回収可能性が減少する場合があります。

▶連結納税制度の回収可能性の考え方（繰延税金資産の回収可能性が改善するケース）

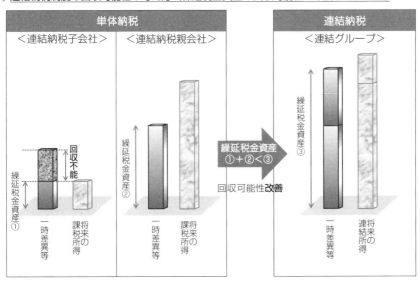

148

▶連結納税制度の回収可能性の考え方（繰延税金資産の回収可能性が悪化するケース）

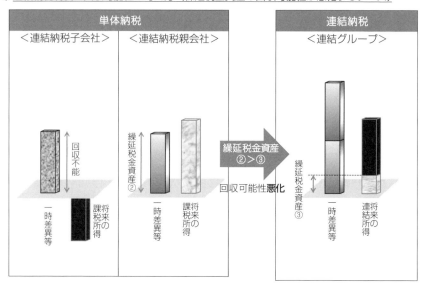

　具体的には，次のように，企業分類とスケジューリングにより，繰延税金資産の回収可能額を計算します。

A：企業分類

　繰延税金資産の回収可能性は，将来減算一時差異の損金算入時期及び繰越欠損金の繰越期間内において十分な課税所得の発生が見込まれることが要件となります。しかし，将来の課税所得の発生はその実現が不確実であるため，繰延税金資産の回収可能性の実務では，まず，過去3年及び当期の課税所得の実績によって会社をランク付けし，そのランクごとに回収可能性の検討を行うことになります。このランクを「企業分類」といいます。例えば，分類の定義と回収可能性の判断基準は以下のようになります。

[図表　分類の定義と回収可能性の判断基準]

分類の定義		回収可能性の判断基準
①	期末将来減算一時差異を十分に上回る課税所得を過去※連続で計上している会社等	全ての将来減算一時差異が回収可能となる。
②	過去連続で業績は安定しているが，期末将来減算一時差異を十分に上回るほどの課税所得がない会社等	解消時期が不明な将来減算一時差異以外は回収可能となる。
③	過去，業績が不安定であり，期末将来減算一時差異を十分に上回るほどの課税所得がない会社等	5年以内の将来の課税所得の範囲で回収可能となる（スケジューリングが必要）。
④	過去いずれかで重要な税務上の欠損金を計上している会社等	翌期の課税所得の範囲で回収可能となる（スケジューリングが必要）。
⑤	過去連続して重要な税務上の欠損金を計上している会社等	全ての将来減算一時差異が回収不能となる。

※.「過去」とは，過去3年及び当期をいう。

①個別財務諸表の企業分類

　この企業分類について，連結納税制度を採用している場合，連結グループ全体（連結納税主体）を一つの納税単位として企業分類の判定を行い，各社ごとに，それが単体納税の分類より上位にある場合は，その連結納税主体の分類で回収可能性を検討することになるため，単体納税より繰延税金資産の回収可能額（法人税及び地方法人税に係る部分に限る）が増加することになります。

A　企業分類（個別財務諸表）　　個別財務諸表では，維持か，アップか！

連結納税主体	連結グループ全体での判定	①	②	③	④	⑤
連結納税各社	単体納税を採用している場合の各社の判定	①②③④⑤	①②③④⑤	①②③④⑤	①②③④⑤	①②③④⑤
最終分類	各社ごとに，連結納税主体の分類と単体納税時の分類の上位を適用※1	UP! ①	①	UP! ②	①②	UP! ③	①②③	UP! ④	①②③④	①②③④⑤

※1. 法人税及び地方法人税の将来減算一時差異に係る分類に限る。

②連結財務諸表の企業分類

　なお，連結財務諸表では，理論上，連結納税主体の分類に統一して，回収可

能額を見直す必要があるため，単体納税より繰延税金資産の回収可能額（法人税及び地方法人税に係る部分に限る）が減少する場合があります。ただし，連結財務諸表での見直しは，実務上，連結納税主体の分類が極端に低い場合（分類④又は⑤の場合など）は必ず行われていますが，それ以外の場合，必ずしも行われているわけではありません。

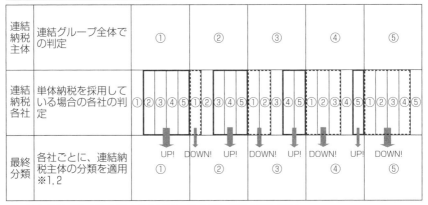

※1. 法人税及び地方法人税の将来減算一時差異に係る分類に限る。
※2. 連結財務諸表での見直しは，実務上，連結納税主体の分類が極端に低い場合（分類④又は⑤の場合など）には必ず行われているが，それ以外の場合，必ずしも行われているわけではない。

そして，企業分類に応じて以下のように回収可能額の検討が行われます。

[図表　企業分類による回収可能性の簡便判定表]

分類ごとの回収可能性の判定表						
将来減算一時差異の種類		分類1	分類2	分類3	分類4 ※3	分類5
スケジューリング 可能差異	1年内	◎	○	○	○	×
	5年以内	◎	○	○	×	×
	5年超	◎	○	×※2	×	×
長期の将来減 算一時差異	1年内	◎	○	○	○	×
	5年以内	◎	○	○	×	×
	5年超	◎	○	◎	×	×
スケジューリング不能差異		◎	×※1	×	×	×

◎：将来減算一時差異はスケジューリングの結果に関係なく回収可能。繰越欠損金はスケジューリングの範囲内で回収可能（なお，繰延税金資産の計算において，将来減算一時差異等に乗じる法定実効税率が将来減算一時差異等の解消年度ごとに異なる場合は，将来減算一時差異等の解消年度を把握する必要がある）。

○：スケジューリングの範囲内で回収可能
×：スケジューリングの結果に関係なく回収不能

※1.企業が合理的な根拠を持って説明する場合，スケジューリング不能差異も回収可能となる。
※2.分類3における5年内の回収可能額は，5年以内の合理的な期間をいう。ただし，企業
　　が合理的な根拠を持って説明する場合，5年を超える見積可能期間も回収可能となる。
※3.企業が合理的な根拠を持って説明する場合，分類2又は分類3として取り扱われる。

（参考）　将来減算一時差異等の種類

種類	定義
スケジューリング可能差異	スケジューリングの結果，その将来解消年度がわかる将来減算一時差異（スケジューリングの結果，その将来解消年度が長期にわたる将来減算一時差異は除く）。
長期の将来減算一時差異	退職給付引当金や建物の減価償却超過額（減損損失に係るものを除く）に係る将来減算一時差異のように，スケジューリングの結果，その将来解消年度が長期となる将来減算一時差異。このような一時差異は，企業が継続する限り，長期にわたるが将来解消され，将来の税金負担額を軽減する効果を有する。
スケジューリング不能差異	将来解消年度が不明な将来減算一時差異 ①　将来の一定の事実が発生することによって，税務上損金又は益金算入の要件を充足することが見込まれる一時差異 ②　会社による将来の一定の行為の実施について意思決定又は実施計画等の存在により，税務上損金又は益金算入の要件を充足することが見込まれる一時差異 のうち，将来の一定の事実の発生が見込めないこと，あるいは，会社による将来の一定の行為の実施についての意思決定又は実施計画等が存在しないことにより，税務上の損金又は益金算入時期が明確でない場合は，スケジューリングが不能な一時差異に該当する。

B：スケジューリング

①個別財務諸表のスケジューリング

　上記Aの分類が③又は④の場合，あるいは，分類が①又は②でも繰越欠損金がある場合，将来の課税所得と将来減算一時差異の解消額及び繰越欠損金の金額を比較して繰延税金資産の回収可能性を判断することになります。これを「スケジューリング」といいます。連結納税制度を採用している場合，自社の課税所得だけではなく，他の連結納税会社の課税所得を使って税金が減少するかどうかを計算することになり，その点で，繰延税金資産の回収可能額（法人税及び地方法人税に係る部分に限る）が増加することになります。

発生及び解消見込年度			将来減算一時差異			
			P	S1	S2	合計
発　生　　X1年末			(700)	(150)	0	(850)
回収可能見込額の見積り	X2年	個別所得見積額	200	150	1,000	1,350
		将来減算一時差異の解消見込額	(700)	(150)	0	(850)
		将来減算一時差異の解消見込額減算後の個別所得見積額	(500)	0	1,000	500
		個別所得見積額による回収可能見込額	200	150	単体納税による回収可能額 ➡	350
		受取個別帰属法人税額の所得換算額による回収可能見込額	500	損益通算による回収可能額の改善	UP!	500
		回収可能見込額	700	150	連結納税による回収可能額 ➡	850

※1. 法人税及び地方法人税の将来減算一時差異に係るスケジューリングとなる。

②連結財務諸表のスケジューリング

　なお，連結財務諸表では，理論上，連結納税主体の連結所得見積額で，回収可能額を見直す必要があるため，単体納税より繰延税金資産の回収可能額（法人税及び地方法人税に係る部分に限る）が減少する場合があります。ただし，スケジューリングの連結財務諸表での見直しは，その計算に対応している税効果システムが限られているため，実務上，必ずしも行われているわけではありません。

B スケジューリング（連結財務諸表での見直し）

発生及び解消見込年度		将来減算一時差異			
		P	S1	S2	合計
発　生　X1年末		(500)	(100)	(300)	(900)
回収可能見込額の見積り　X2年	個別所得見積額	600	(400)	400	600
	将来減算一時差異の解消見込額	(500)	(100)	(300)	(900)
	将来減算一時差異の解消見込額減算後の個別所得見積額	100	(500)	100	(300)
	個別所得見積額による回収可能見込額	500	0	300	800
	受取個別帰属法人税額の所得換算額		200		200
	上記のうち，マイナスの個別所得見積額への充当額		(200)		(200)
	回収可能見込額（個別）	500	0	300	800
	回収可能見込額（連結）	連結所得を限度に見直す			600
	差額（取崩し額）	連結財務諸表で取崩し			200

※1. 法人税及び地方法人税の将来減算一時差異に係るスケジューリングとなる。
※2. スケジューリングの連結財務諸表での見直しは，税効果システムで対応していないことも多いため，実務上，必ずしも行われているわけではない。

Q3-4 グループ通算制度の繰延税金資産の回収可能性

グループ通算制度の場合，繰延税金資産の回収可能性の基本的な考え方はどのように変わりますか？

A

改正法案から読み解ける範囲ですが，既に連結納税制度を採用している企業が，グループ通算制度に移行する場合の繰延税金資産の回収可能性の基本的な考え方について，次のように考えられます。

1 個別財務諸表における回収可能性の考え方

グループ通算制度においても，損益通算ができるため，連結納税制度と同様に，通算グループ内の他の法人の所得の金額を含めて繰延税金資産の回収可能性を判断することになると考えられます。

つまり，グループ通算制度では，損益通算について，欠損法人は欠損金額を所得法人に移転し，所得法人は欠損法人から欠損金額の移転を受ける，という計算の仕組みとなるため，欠損法人の欠損金額（将来減算一時差異の解消額）

[図表 グループ通算制度における繰延税金資産の回収可能性の考え方]

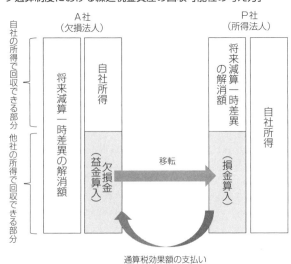

を他の所得法人に移転して，それに対する通算税効果額（金銭）を受け取ることを前提とした場合，連結納税制度と同様に，通算グループ内の他の法人の所得により自社の税金が減少する（＝税効果がある）という考え方になります。

　ここで，「通算税効果額」とは，グループ通算制度を適用することにより減少する法人税及び地方法人税の額に相当する金額として内国法人間で授受される金額をいいます。

　したがって，グループ通算制度に移行しても，個別財務諸表の繰延税金資産の回収可能性の基本的な考え方は連結納税制度と変わらないことが予想されます。

　ただし，グループ通算制度は，納税単位が各法人となり，損益通算の計算方法もプロラタ方式に変わり，個別帰属額の概念は存在しないため，企業分類の判定に使用する課税所得の調整やスケジューリングによる回収可能額の計算方法の見直しなど，繰延税金資産の回収可能性の判断手順や回収可能額の計算のプロセスは大きく変わることが予想されます。

2 ┃ 連結財務諸表における回収可能性の考え方

　連結納税制度は，連結納税主体を一つの納税主体とみなして連結所得及び連結法人税を計算する仕組みであるため，連結納税主体の連結所得見積額で，回収可能額を見直す必要があります。

　一方，グループ通算制度は，各法人を納税主体とする個別申告方式であり，損益通算の計算方法もプロラタ方式に変わるため，通算グループを合計して税額計算する仕組みでないことから，連結財務諸表で回収可能額を見直す（具体的には，A：企業分類の連結納税主体の分類への統一とB：スケジューリングを連結納税主体で行う見直し）という考え方がなくなる可能性があります。

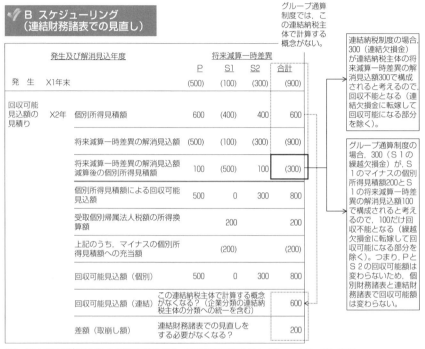

※1. 法人税及び地方法人税の将来減算一時差異に係るスケジューリングとなる。

　以上より，連結納税制度とグループ通算制度では税額計算の仕組みが異なることから，今後，公表される法令を確認して，連結納税制度を採用している企業において，グループ通算制度の移行に伴い繰延税金資産の取崩し又は積増しが生じるかどうかを確認する必要があります（個別財務諸表と連結財務諸表の両方を確認する必要があります）。

　なお，グループ通算制度の繰延税金資産の回収可能性については，今後，企業会計基準委員会（ASBJ）において次の会計基準等が見直されることになります（ASBJの対応状況については，Ｑ３－10参照）。

● 実務対応報告第５号「連結納税制度を適用する場合の税効果会計に関する当面の取扱い（その１）」

● 実務対応報告第７号「連結納税制度を適用する場合の税効果会計に関する当面の取扱い（その２）」

Q3-5　グループ通算制度のスケジューリングの留意点

グループ通算制度の場合，繰延税金資産の回収可能額の計算におけるスケジューリングはどのように変わりますか？

A ....

　改正法案から読み解ける範囲ですが，既に連結納税制度を採用している企業が，グループ通算制度に移行する場合のスケジューリングの留意点として次のものが考えられます。

1．スケジューリングの期間（通常，5年程度）のうち，令和4年4月1日以後に開始する事業年度については，グループ通算制度の税額の計算方法で回収可能額を計算する必要がある。

[スケジューリングにおけるグループ通算制度の適用時期]

※下記例は3月決算とする。ただし，他の決算期についても同様の取扱いとなる。

※法人税等の額は連結納税制度で計算する。

2．支配関係発生後に新たな事業を開始した場合，あるいは，それが見込まれる場合（時価評価の対象外で支配関係が5年以内でかつ共同事業性を満たさない場合に限る），損金算入制限が生じる含み損（将来減算一時差異）は，解消時期によって損金不算入（回収可能性がないもの）として取り扱う必要がある。

3．上記2と同様の場合，支配関係発生前の開始・加入前の繰越欠損金等を回収不能（切捨て）として取り扱う必要がある。

4．減価償却費の割合が30％を超えることが見込まれる場合（時価評価の対象

158

外で支配関係が5年以内でかつ共同事業性を満たさない場合に限る）で，将
来の税額計算において，将来減算一時差異の解消額で欠損金に転嫁されたも
のが損益通算の対象外となり，特定欠損金に該当することになる場合，この
将来減算一時差異の解消額ついては，通算グループ内の他の法人の所得の金
額によって回収可能性は判断できず，自社の所得の金額のみで回収可能性が
あるか判断しないといけない。これは，当該将来減算一時差異の解消額につ
いては，企業分類を単体納税の分類（あるいは，連結納税主体の分類とのい
ずれか低い分類）で回収可能性を判断する必要があることを意味している。
5．上記2及び4のいずれにも該当しない場合（時価評価の対象外で支配関係
が5年以内でかつ共同事業性を満たさない場合に限る），将来の税額計算に
おいて，支配関係発生前から有する資産の含み損（将来減算一時差異）の解
消額で欠損金に転嫁されるものについて，上記4と同様の取扱いとなる。

　これらの点については，今後，企業会計基準委員会（ASBJ）から何らかの
考え方が示されることになるだろう。

[図表　含み損の損金不算入]

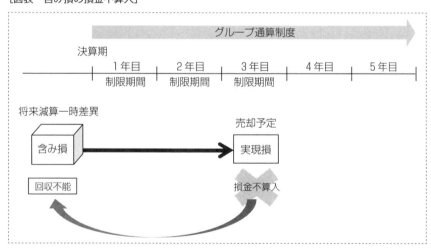

[図表　損益通算の対象外となる欠損金]

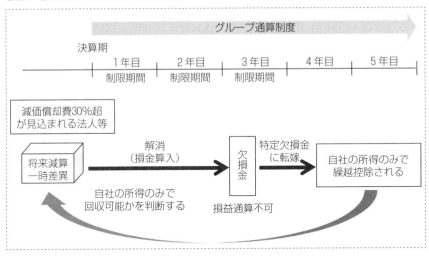

Q3-6 単体納税制度に戻った場合の繰延税金資産の回収可能性

単体納税制度に戻った場合，繰延税金資産の回収可能額はどうなりますか？

A ....

グループ通算制度の創設によって，全ての連結納税法人が単体納税制度へ戻るべきかを検討する必要が生じますが，仮に単体納税制度に戻る場合，税効果会計において企業分類又はスケジューリングが悪化することが多く，繰延税金資産の取崩しが発生する可能性が高いと思われます。

ただし，連結財務諸表において連結納税主体の分類に統一している場合，単体納税制度に戻した方が，繰延税金資産が増加するケースも生じます。

いずれにせよ，既に連結納税制度の採用をしている企業グループは，繰延税金資産のシミュレーションを行い，繰延税金資産の回収可能額の変動，つまり，業績への影響を考えて，グループ通算制度へ移行するか，単体納税制度に戻るか，の選択をする必要があります。

A 企業分類（個別財務諸表）　個別財務諸表では単体納税に戻れば取崩しか？

連結納税主体 連結グループ全体での判定	①	②	③	④	⑤
連結納税各社 単体納税を採用している場合の各社の判定	①②③④⑤ 逆戻り	①②③④⑤ 逆戻り	①②③④⑤ 逆戻り	①②③④⑤ 逆戻り	①②③④⑤
最終分類 各社ごとに，連結納税主体の分類と単体納税時の分類の上位を適用※1	①	① ②	①② ③	①②③ ④	①②③④⑤

※1. 法人税及び地方法人税の将来減算一時差異に係る分類に限る。

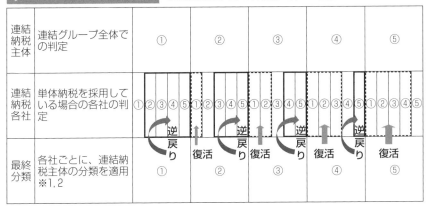

A　企業分類（連結財務諸表）　連結財務諸表では単体納税に戻れば取崩しか？　積増しか？

※1. 法人税及び地方法人税の将来減算一時差異に係る分類に限る。

※2. 連結財務諸表での見直しは，実務上，連結納税主体の分類が極端に低い場合（分類④又は⑤の場合など）は必ず行われているが，それ以外の場合，必ずしも行われているわけではない。

B　スケジューリング　　個別財務諸表では，単体納税に戻れば取崩しか？

発生及び解消見込年度			将来減算一時差異			
			P	S1	S2	合計
発　生	X1年末		(700)	(150)	0	(850)
回収可能見込額の見積り	X2年	個別所得見積額	200	150	1,000	1,350
		将来減算一時差異の解消見込額	(700)	(150)	0	(850)
		将来減算一時差異の解消見込額減算後の個別所得見積額	(500)	0	1,000	500
		個別所得見積額による回収可能見込額	200	150		350
		受取個別帰属法人税額の所得換算額による回収可能見込額	500			500
		回収可能見込額	700	150		850

162

✓ B スケジューリング （連結財務諸表での見直し）

発生及び解消見込年度		将来減算一時差異			
		P	S1	S2	合計
発生　X1年末		(500)	(100)	(300)	(900)
回収可能見込額の見積り　X2年	個別所得見積額	600	(400)	400	600
	将来減算一時差異の解消見込額	(500)	(100)	(300)	(900)
	将来減算一時差異の解消見込額減算後の個別所得見積額	100	(500)	100	(300)
	個別所得見積額による回収可能見込額	500	0	300	800
	受取個別帰属法人税額の所得換算額		200		200
	上記のうち，マイナスの個別所得見積額への充当額		(200)		(200)
	回収可能見込額（個別）	500	0	300	800
	回収可能見込額（連結）				600
	差額（取崩し額）				⊠

復活

※1. 法人税及び地方法人税の将来減算一時差異に係るスケジューリングとなる。
※2. スケジューリングの連結財務諸表での見直しは，税効果システムで対応していないことも多いため，実務上，必ずしも行われているわけではない。

Q3-7　スケジューリングにおける単体納税制度の適用時期

> 既に連結納税制度を採用している企業が，グループ通算制度に移行せず，単体納税制度に戻る場合，いつの決算期から，将来の会計期間における減額税金又は増額税金の見積額を計算する際に単体納税制度に戻ることを考慮すればよいのでしょうか？

A ....

連結納税制度を適用している連結グループは，自動的にグループ通算制度に移行することになります。

ただし，グループ通算制度に移行することを望まない連結グループは，連結親法人が令和4年4月1日以後最初に開始する事業年度開始の日の前日までに税務署長に届出書を提出することにより，グループ通算制度を適用しない単体納税法人となることができます。

この場合，繰延税金資産及び繰延税金負債の額を計算するスケジューリング（将来の会計期間における減額税金又は増額税金の計算）において，いつの決算期から，単体納税制度に戻ることを考慮すればよいかを確認する必要があります。

この点，連結納税制度を新たに適用する場合については，『連結納税制度を適用する場合の税効果会計に関する当面の取扱い（その1）（実務対応報告第5号　企業会計基準委員会）Q12-2』において，その取扱いが定められています。

この取扱いとの整合性を考えると，仮に，「連結納税制度の取りやめの承認の処分があったものとみなされた日」が「令和4年4月1日以後最初に開始する事業年度開始の日」とした場合，令和4年4月1日以後最初に開始する事業年度開始の日の前日の属する四半期会計期間から，翌事業年度より単体納税制度を適用するものと仮定して，繰延税金資産の回収可能額を計算することになると考えらえます。

例えば，3月決算法人が令和4年3月中に届出書を提出する場合は，令和4年3月期の第4四半期決算（12月決算法人が令和4年12月中に届出書を提出する場合は，令和4年12月期の第4四半期決算）から，翌年度より単体納税制度

を適用するものとしてスケジューリングを行うことになります。

　そして，その決算年度において，単体納税制度への復帰に伴う繰延税金資産の取崩し又は積増しが行われることになります。

　また，届出書を早期に提出するなどした場合，翌事業年度より単体納税制度を適用する意思が明確であって，かつ，単体納税制度に基づく税効果会計の計算が合理的に行われていると認められる場合は，届出書の提出日が属する四半期会計期間から，翌事業年度より単体納税制度を適用するものと仮定して繰延税金資産の回収可能額を計算することもできると考えられます。

　いずれにせよ，以上の点について，今後，企業会計基準委員会（ASBJ）から何らかの指針が公表されることが期待されます。

［スケジューリングにおける単体納税制度の適用時期］

※下記例は3月決算とする。

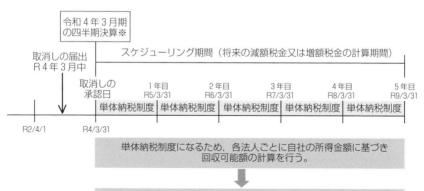

※法人税等の額は連結納税度制度で計算する。

Q3-8　令和2年3月期の税効果会計の留意点

令和2年3月期の決算の税効果会計において留意すべき事項はありますか？

A ....

　グループ通算制度を定めた改正税法は，令和2年3月31日までに国会で成立することが見込まれています。

　税効果会計では，繰延税金資産及び繰延税金負債の額は，決算日において国会で成立している税法に規定されている方法に基づき将来の会計期間における減額税金又は増額税金の見積額を計算します（税効果適用指針44）。

　そのため，令和2年3月31日までにグループ通算制度を定めた改正税法が国会で成立した場合，令和2年3月期の決算から，令和4年4月1日以後に開始する事業年度に係る会計期間については，グループ通算制度が適用されるものとして繰延税金資産及び繰延税金負債の額を計算する必要が生じます。

　したがって，仮に，グループ通算制度によって連結納税制度と比べて繰延税金資産の回収可能額が変動する場合，令和2年3月期の業績に影響を与えることになります。

　この場合，グループ通算制度の適用による繰延税金資産及び繰延税金負債の額の増減額は，別段の処理を行わず，当期の法人税等調整額に含めて会計処理することになります（税効果適用指針53・51・52）。

[スケジューリングにおけるグループ通算制度の適用時期]

※下記例は3月決算とする。ただし，他の決算期についても同様の取扱いとなる。

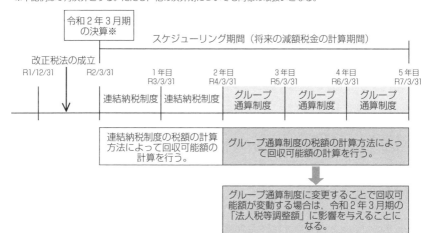

※法人税等の額は連結納税制度で計算する。

　ただし，現時点で，グループ通算制度の詳細を定めた法令が公表されておらず，企業会計基準委員会（ASBJ）において実務対応報告第5号及び第7号の改廃を行うことができない状況下では，令和2年3月期の決算からグループ通算制度が適用されることを前提として繰延税金資産及び繰延税金負債の額を計算することは現実的に困難です（システム対応も間に合わないでしょう）。

　そのため，現在，ASBJでは，新会計基準の公表までの間，「税効果適用指針第44項の適用を行わず，改正前の税法の規定に基づくことができるものとする特例的な取扱い」を定める実務対応報告を取りまとめようとしています。

　つまり，令和2年3月期を含めて，この特例的な取扱いを適用できる期間は，令和4年4月1日以後に開始する事業年度に係る会計期間も連結納税制度が継続することを前提にして，従来どおり，繰延税金資産及び繰延税金負債の額を計算すればよいことになります。

Q3-9 連結納税制度とグループ通算制度のいずれで開始するかによって繰延税金資産の回収可能額は変わるのか？

これから連結納税制度を採用しようとする企業について，連結納税制度で開始するか，又は，グループ通算制度で開始するか，のいずれかで繰延税金資産の回収可能額は変わりますか？

A

　親法人の開始前の繰越欠損金については，連結納税制度で開始した場合，SRLYルールが適用されませんが，グループ通算制度で開始した場合，SRLYルールが適用されます。

　したがって，親法人の開始前の繰越欠損金がある場合，連結納税制度で開始すると自社だけではなく他の法人の所得も使って当該繰越欠損金を解消できるため，その分，繰延税金資産の回収可能額が大きくなります。

[図表　連結納税制度とグループ通算制度のいずれで開始するかによって繰延税金資産の回収可能額は変わるのか？]

≪ケース1≫
連結納税制度で開始する場合

グループ通算制度に移行後も…

≪ケース2≫
グループ通算制度で開始する場合

グループ通算制度から開始すると…

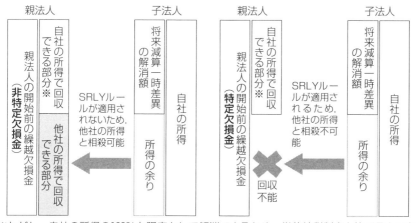

※ただし，自社の所得の100％を限度として解消できるため，単体納税制度と比べると回収可能額が増加する。

Q3-10 連結納税制度の見直しに伴う企業会計基準委員会での対応状況

連結納税制度の見直しに伴う企業会計基準委員会での対応状況を教えてください。

A ⋯⋯⋯⋯⋯⋯⋯⋯⋯⋯⋯⋯⋯⋯⋯⋯⋯⋯⋯⋯⋯⋯⋯⋯⋯⋯⋯⋯⋯⋯⋯

　2019年12月26日開催の第423回企業会計基準委員会において，連結納税制度の見直しへの対応を新規のテーマとすることが決まり，税効果会計専門委員会で検討されることになりました。

　それを受け，本書執筆時点において次のような対応が議論されています。

1 実務対応報告第5号及び第7号（以下，「実務対応報告第5号等」という）の改廃について

- 実務対応報告第5号「連結納税制度を適用する場合の税効果会計に関する当面の取扱い（その1）」
- 実務対応報告第7号「連結納税制度を適用する場合の税効果会計に関する当面の取扱い（その2）」

　これについては，税法改正後（2020年4月以降）に対応を行う予定であり，次の論点について会計上の検討が必要になるとされています。

(1)　連結納税制度を適用する場合の税効果会計の適用に関する取扱いは，実務対応報告第5号等に定められている。実務対応報告第5号等は連結納税会社に含まれる連結会社群が法人税法上単一の納税主体となることを前提としているのに対し，グループ通算制度は，企業グループ内の各法人を納税主体として，各法人が個別に法人税額の計算及び申告を行い，損益通算等の調整を行う制度とされている。連結納税制度とグループ通算制度では納税主体等が異なることを踏まえると，グループ通算制度における連結財務諸表及び個別財務諸表における繰延税金資産の回収可能性の判断に当たっては，グループ通算制度に基づいて繰延税金資産の回収可能性の判断についての考え方の整理が必要であり，当該整理に合わせて実務対応報告第5号等を改廃する必要がある。

(2)　グループ通算制度に基づいて繰延税金資産の回収可能性の判断についての考え方の整理を行う場合，例えば次のような点を明らかにする必要があるものと考えられる。
　① 個別財務諸表における繰延税金資産の回収可能性の判断は実務対応報告第5号等では，連結納税制度において算定される連結法人税の個別帰属額等に

ついて，将来の支出又は収入を減少又は増加させる効果を有するかどうかで
あるとされている。また，個別財務諸表における繰延税金資産の回収可能性
を判断するための企業の分類について，連結納税制度の下では，個別企業の
分類のみではなく連結納税主体の分類も考慮して繰延税金資産の回収可能性
を判断するとしている。このような既存の定めについて，グループ通算制度
においてはどのように取り扱うべきかという点について，検討を行う必要が
あるものと考えられる。

②　連結財務諸表における繰延税金資産の回収可能性の判断について，実務対
応報告第5号等では，単一主体概念に基づく処理を行うことが適当であると
され，個別財務諸表における繰延税金資産の計上額を単に合計するのではな
く，連結納税主体として回収可能性を見直すこととされている。また，連結
財務諸表における繰延税金資産の回収可能性を判断するための企業の分類に
ついては，連結納税制度の下では，連結納税主体について企業の分類を行い，
繰延税金資産の回収可能性を判断することとされている。このような既存の
定めについて，グループ通算制度においてはどのように取り扱うべきかとい
う点について，検討を行う必要があるものと考えられる。

2 | 2020年3月期以降の当面の決算対応のための実務対応報告公開草案「連結納税制度からグループ通算制度への移行に関する税効果会計の適用に関する取扱い（案）」の検討について

税効果適用指針第44項によると，2022年4月1日以降，グループ通算制度の
適用を行う企業においては，2020年3月31日以後に終了する事業年度の決算
（四半期決算を含む）において，グループ通算制度の適用を前提とした税効果
会計の適用を行う必要があります。

しかし，グループ通算制度に関する税効果会計の取扱いについては，繰延税
金資産の回収可能性の判断に関する考え方が必ずしも明らかではないことから，
2020年3月31日以後に終了する事業年度の決算（四半期決算を含む）において，
グループ通算制度の適用を前提とした税効果会計の適用を行うことは，実務的
に困難と考えられます。

そのため，以下のような，改正前の税法の規定に基づくことができる特例的
な取扱いを定める実務対応報告公開草案が検討されています。

【特例的な取扱いの概要】

① 会計処理

2020年3月31日以後に終了する事業年度の決算（四半期決算を含む）における
グループ通算制度の適用を前提とした税効果会計において繰延税金資産の回収可
能性の判断を行う場合においては，実務対応報告第5号等に関する必要な改廃を
企業会計基準委員会が行うまでの間は，グループ通算制度への移行について税効
果適用指針第44項の定めを適用せず，改正前の税法の規定に基づくことができる。

② 範囲

改正法人税法の成立日において連結納税制度を適用している企業に適用する。

なお，例えば，繰越欠損金に重要性のない企業では，特例的な取扱いを適用す
る必要のない場合が生じることも考えられるため，特例的な取扱いは選択適用と
する。

③ 開示

特例的な取扱いを適用した場合，その旨を注記する。

④ 適用時期

本実務対応報告は，公表日以後適用する。

特例的な取扱いを適用する期間としては，実務対応報告第5号等の必要な改廃
を企業会計基準委員会が行うまでの間とする。

したがって，実務対応報告第5号等が改廃されるまでの間，特例的な取扱い
を適用することで，令和4年4月1日以後に開始する事業年度に係る会計期間
も連結納税制度が継続することを前提にして，従来どおり，繰延税金資産及び
繰延税金負債の額を計算すればよいことになります。

第 4 章

グループ通算制度
の有利・不利

Q4-1　グループ通算制度は現行制度より節税効果が高いのか？

> グループ通算制度について，連結納税制度と比較した税負担
> の有利・不利を教えてください。

A ....

　グループ通算制度について，連結納税制度と比較した税負担の有利・不利は
次のとおりです。

　グループ通算制度について，有利な点は，子法人の時価評価と繰越欠損金の
切り捨てが縮小されることですが，不利な点は，親法人の開始前の繰越欠損金
にSRLYルールが適用されることになります。

　なお，両制度が併存することはないため，この比較は，①グループ通算制度
に移行した場合の税負担に与える影響と②両制度のいずれで開始・加入した方
が有利か，という観点から必要になる比較です。

[図表　グループ通算制度と連結納税制度の税負担の有利・不利]

⭕ 有利　✖ 不利

	連結納税制度	グループ通算制度
損益通算	可能	可能
親法人の開始時の時価評価，繰越欠損金の切捨て	なし	✖ あり（ただし，限定的）
親法人の開始前の繰越欠損金へのSRLYルール	適用されない	✖ 適用される　影響大
子法人の時価評価，繰越欠損金の切捨て	あり（制限が多い）	⭕ あり（縮小する）　影響大
子法人の開始・加入前の繰越欠損金へのSRLYルール	適用される	適用される
開始・加入前の繰越欠損金の控除限度割合の拡大	100%になる	100%になる
開始・加入後の含み損等の損金算入・損益通算の制限	制限はない	✖ 制限がある（ただし，限定的）
投資簿価修正	適用がある	✖ 適用がある。追加措置あり　影響大
離脱時の時価評価	なし	✖ あり（ただし，限定的）
外国税額控除及び研究開発税制	グループ全体で税額控除額を計算できる	グループ全体で税額控除額を計算できる
中小法人の判定	連結親法人で判定	✖ 全ての法人で判定

Q4-2　グループ通算制度で事務負担はどこが軽減されるのか？

既に連結納税制度を採用している企業が，グループ通算制度に移行すると，経理担当者の事務負担はどこが減りますか？

A ....

　個別申告方式への移行が事務負担を減らすかどうかは，①税務調査（修正・更正を含む）における事務負担の軽減と②決算・申告作業における事務負担の軽減，の2つの場面で考える必要があります。

　この点，①については，全社参加で税務調査（修正・更正を含む）の対応をしなくてはいけない連結納税制度と比べて，（例外はあるが）単体納税制度とほぼ同じで，各社の対応で税務調査が完結するグループ通算制度の方が大きく事務負担が減ることになります。

　筆者は，今回の見直しの最大の目的（契機）は，「税務当局側の事務負担の軽減」にあると思っていますが，その点は実現することは間違いないと思われます。

　一方，②については，下図のとおり，グループ通算制度であっても損益通算，欠損金の通算，外国税額控除，研究開発税制はグループ調整計算を行い，繰延税金資産も通算グループ全体で回収可能性を検討するため，決算・申告作業のプロセスは変わらないものと思われます。

　つまり，グループ通算制度に移行した後も，個社完結型の単体納税制度と異なり，全社参加型の決算・申告作業になることは変わらず，その点では，移行後も事務負担は減らないものと思われます。

　ただし，寄附金，所得税額控除など個別計算に変更される計算項目や受取配当金など計算方法が簡素化される計算項目については，グループ調整計算のための作業が消滅・軽減するため，その点では，移行後は事務負担が減少することが見込まれます。

［グループ通算制度の決算・申告作業のプロセス】

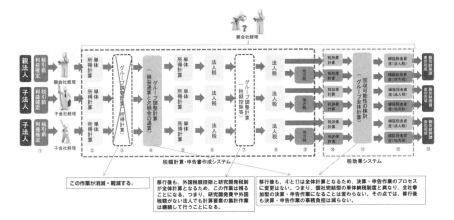

Q4-3 グループ通算制度でM&Aはやりやすくなるのか？

グループ通算制度に移行すると，M&Aはやりやすくなりますか？

A ....

　グループ通算制度では，連結納税制度よりも，子法人の加入に伴い，時価評価が必要となり，繰越欠損金が切り捨てられるケースが減るため，企業買収がしやすい環境になると思われます。

　特に，企業買収の一般的な手法である『相対取引での株式購入による完全子会社化』において，連結納税制度では，加入時に時価評価が必要となり，繰越欠損金が切り捨てられますが，グループ通算制度では，適格組織再編成と同様の要件に該当すれば，時価評価が不要となり，繰越欠損金が切り捨てられません。また，支配関係発生後に新たな事業を開始した場合など一定の場合，繰越欠損金の切り捨てや含み損等の利用制限が生じますが，これも，親法人との間に支配関係が5年超ある場合又は通算グループ内のいずれかの法人と共同事業性がある場合のいずれかに該当すれば，制限は生じないため，グループ通算制度に移行した後は，子法人が加入した場合でも，多くのケースで不利益を受けないことになると思われます。

［図表　相対取引での株式の購入による完全子会社］

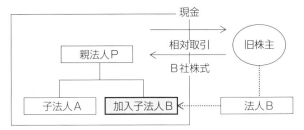

連結納税制度	グループ通算制度
特定連結子法人に該当しないため，時価評価が必要となり，繰越欠損金が切り捨てられる。	● 適格組織再編成と同様の要件に該当する場合，時価評価は不要となり，繰越欠損金は切り捨てられない。 ● ただし，支配関係発生後に新たな事業を開始した場合など一定の場合に繰越欠損金の切捨てや含み損等の利用制限が生じるが，次のいずれかに該当すれば，その制限も生じない。 ①親法人との間に支配関係が5年超ある場合 ②通算グループ内のいずれかの法人と共同事業性がある場合

不利益を受ける	多くのケースで不利益を受けない

Q4-4 グループ通算制度と単体納税制度の有利・不利は？

> グループ通算制度について，単体納税制度と比較した税負担
> の有利・不利を教えてください。

A ....

　グループ通算制度について，単体納税制度と比較した税負担の有利・不利は
次のとおりです。

　連結納税制度の最大の節税効果である親法人の開始前の繰越欠損金の活用は
消滅し，グループ通算制度の節税効果は，損益通算，繰越欠損金の控除限度割
合の拡大，外国税額控除と研究開発税制の拡大になります。

[図表　グループ通算制度と単体納税制度の税負担の有利・不利]

○ 有利　✕ 不利	単体納税制度	グループ通算制度	
損益通算	不可	○ 可能	影響大
親法人の開始時の時価評価，繰越欠損金の切捨て	なし	✕ あり（ただし，限定的）	影響大
子法人の時価評価，繰越欠損金の切捨て	なし	✕ あり（ただし，限定的）	影響大
開始・加入前の繰越欠損金の控除限度割合の拡大	50%になる（非中小法人の場合）	○ 100%になる	影響大
開始・加入後の含み損等の損金算入・損益通算の制限	なし	✕ 制限がある（ただし，限定的）	影響大
投資簿価修正	なし	あり	影響大
離脱時の時価評価	なし	✕ あり（ただし，限定的）	
外国税額控除及び研究開発税制	個社で計算	○ グループ全体で税額控除額を計算できる	影響大
中小法人の判定	個社で判定	✕ 全ての法人で判定	

Q4-5　開始のタイミングによる有利・不利

> これから連結納税制度を採用しようとする企業について，連結納税制度で開始するか，グループ通算制度で開始するか，のいずれかで有利・不利は生じますか？

A　……………………………………………………………………………

これから連結納税制度を採用しようとする企業について，連結納税制度とグループ通算制度のいずれで適用を開始するかで次の有利・不利が生じます。

1　親法人の開始前の繰越欠損金の解消額の有利・不利

親法人の開始前の繰越欠損金は，グループ通算制度で開始した場合は特定欠損金（SRLYルール適用）に該当するが，連結納税制度で開始した場合は，非特定連結欠損金個別帰属額に該当し，移行後も非特定欠損金（SRLYルール非適用）に該当するため，連結納税制度で開始した方が有利となる。

2　親法人の開始前の繰越欠損金の繰延税金資産の有利・不利

上記1から，連結納税制度で開始した方が親法人の開始前の繰越欠損金に対する繰延税金資産の回収可能額が増加する。

3　親法人の時価評価又は繰越欠損金の切捨ての有利・不利

グループ通算制度で開始した場合，親法人の時価評価が行われ，繰越欠損金の切捨てが生じる場合（開始後に生じる繰越欠損金の切捨て，含み損等の利用制限を含む）は，連結納税制度で開始した方が有利となる。

ただし，親法人が時価評価対象法人に該当する場合は稀である。

なお，経過措置により，令和4年3月31日に終了する事業年度において親法人が新制度の時価評価除外法人に該当しない場合，新制度の適用において時価評価除外法人とみなすことができる（改正法案の法人税法附則30③）。

4　子法人の時価評価又は繰越欠損金の切捨ての有利・不利

連結納税制度とグループ通算制度で取扱いが異なるため，時価評価又は繰越欠損金の切捨て（開始後に生じる繰越欠損金の切捨て，含み損等の利用制限を

含む）が生じない制度で開始した方が有利となる。

　基本的な考え方として，連結納税制度の特定連結子法人に該当する場合は，連結納税制度で開始した方が有利となり，特定連結子法人に該当しない場合は，グループ通算制度で開始した方が有利となる（もちろん，どちらでもよいケースも生じる）。

　なお，経過措置により，令和4年3月31日に終了する事業年度において開始子法人が新制度の時価評価除外法人に該当しない場合で現行制度の特定連結子法人に該当する場合，新制度の適用において時価評価除外法人とみなすことができる（改正法案の法人税法附則30③）。

5　企業グループ内の繰越欠損金の早期解消の有利・不利

　連結納税制度では，特定連結欠損金個別帰属額は，自社の所得の100％まで控除可能になることから，親法人又は子法人の繰越欠損金を早期に解消したい場合は，1年早く，連結納税制度から開始した方が有利となる。

6　外国税額控除又は研究開発税制の早期適用の有利・不利

　外国税額控除又は研究開発税制のグルー調整計算にメリットがある場合は，1年早く，連結納税制度から開始した方が有利となる。

［図表　開始のタイミングによる有利・不利］

＜ケース１＞ 連結納税制度で開始する場合

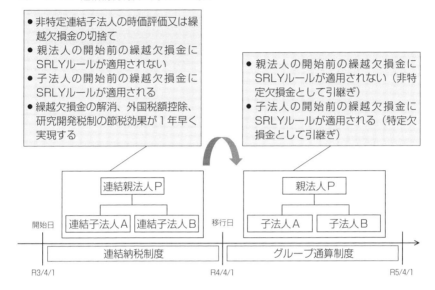

＜ケース２＞ グループ通算制度で開始する場合

Q4-6 加入のタイミングによる有利・不利

既に連結納税制度を採用している企業について，子法人の加入を連結納税制度で行うか，グループ通算制度で行うか，のいずれかで有利・不利は生じますか？

A

連結納税制度とグループ通算制度では，加入時の時価評価と繰越欠損金の取扱い（含み損等の利用制限を含む）について差異が生じます。

基本的な考え方として，連結納税制度の特定連結子法人に該当する場合は，連結納税制度で加入した方が有利になり，特定連結子法人に該当しない場合は，グループ通算制度で加入した方が有利になります（もちろん，どちらでもよいケースも生じます）。

例えば，加入子法人がグループ内の新設法人に該当する場合はいずれの制度で加入しても有利・不利は生じません。

また，適格株式交換等による完全子会社に該当する場合は，連結納税制度で加入すると特定連結子法人に該当するため，時価評価が不要となり，繰越欠損金は切り捨てられませんが，グループ通算制度で加入すると，時価評価は不要になりますが，一定の場合，繰越欠損金の切捨て，含み損等の利用制限が生じることになります。

また，相対取引での株式の購入による完全子会社に該当する場合，連結納税制度で加入すると特定連結子法人に該当しないため，時価評価が必要となり，繰越欠損金は切り捨てられますが，グループ通算制度で加入すると，一定の要件を満たす場合，時価評価や繰越欠損金の切り捨て（含み損等の利用制限を含む）が生じません。

なお，経過措置により，令和4年3月31日に終了する事業年度において加入子法人が新制度の時価評価除外法人に該当しない場合で現行制度の特定連結子法人に該当する場合，新制度の適用において時価評価除外法人とみなすことができます（改正法案の法人税法附則30⑤）。

［図表　加入のタイミングによる有利・不利］

＜パターン1＞ 相対取引での株式の購入による完全子会社

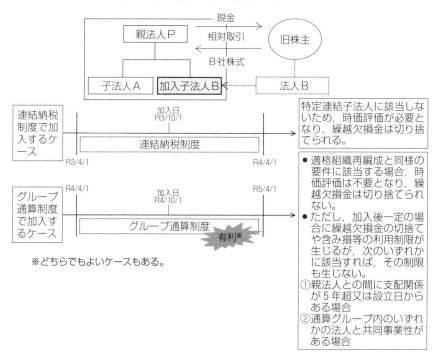

※どちらでもよいケースもある。

＜パターン２＞ グループ内の新設法人

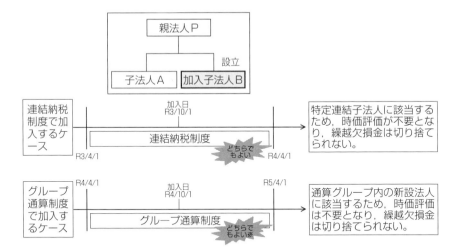

連結納税制度で加入するケース	連結納税制度 加入日 R3/10/1 R3/4/1　どちらでもよい　R4/4/1	特定連結子法人に該当するため，時価評価が不要となり，繰越欠損金は切り捨てられない。
グループ通算制度で加入するケース	グループ通算制度 R4/4/1　加入日 R4/10/1　R5/4/1 どちらでもよい※	通算グループ内の新設法人に該当するため，時価評価は不要となり，繰越欠損金は切り捨てられない。

＜パターン 3 ＞ 適格株式交換等による完全子会社

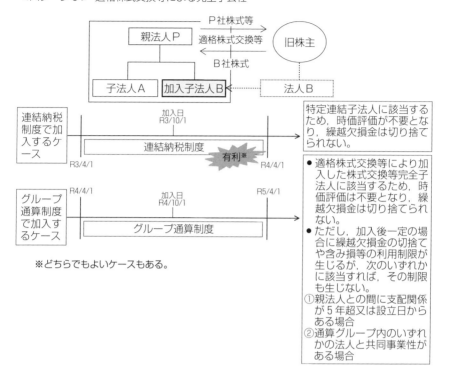

※どちらでもよいケースもある。

Q4-7 　離脱のタイミングによる有利・不利

> 既に連結納税制度を採用している企業について，子法人の離脱を連結納税制度で行うか，グループ通算制度で行うか，のいずれかで有利・不利は生じますか？

A ··

　連結納税制度とグループ通算制度では，離脱時の時価評価と投資簿価修正について差異が生じます。

　子法人の離脱について，連結納税制度で行うか，グループ通算制度で行うか，のいずれかで有利・不利が生じるかは，連結納税制度における子法人がグループ通算制度に移行した後に離脱した場合に，グループ通算制度における次の取扱いが適用されるか否かによります。

1．通算グループから離脱した法人が主要な事業を継続することが見込まれていない場合等には，その有する資産については，直前の事業年度において，時価評価により評価損益の計上を行う。

2．通算グループからの離脱法人の株式の離脱直前の帳簿価額を離脱法人の簿価純資産価額に相当する金額とする。

　この点，今後の法令で明らかになるものと思われます。

[図表　離脱のタイミングによる有利・不利]

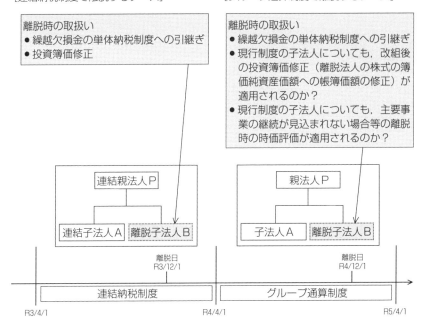

第 5 章

連結納税採用済企業が押さえておくべきポイント

Q5-1　連結納税採用済企業における実務上の留意点

既に連結納税制度を採用している企業は，グループ通算制度の創設について，実務上，どのような留意点がありますか？

　既に連結納税制度を採用している企業は，グループ通算制度の創設に伴い，次のような実務対応が必要となります。

| 実務対応 1 | グループ通算制度に移行するか，単体納税制度へ戻るかを検討する。 |

● グループ通算制度への移行による節税効果の変動，損益通算の機能の保持，単体納税制度と比較した事務負担の重さを考慮して検討する。
● グループ通算制度と単体納税制度の繰延税金資産の回収可能額の変動についても考慮する。
● みなし連結欠損金の取扱いなどグループ通算制度への移行時又は単体納税制度への復帰時に係る取扱いを確認する。

| 実務対応 2 | 決算・申告の事務フローを見直す。 |

● グループ調整計算の廃止・簡素化を中心に決算・申告作業のフローの見直しを検討する。
● その際，新しい連結納税システムがどうなるかについても留意する。

| 実務対応 3 | 加入・離脱を連結納税制度とグループ通算制度のいずれで行うかを検討する。 |

● 加入と離脱の取扱いが連結納税制度とグループ通算制度で異なるため，どのタイミングで実行するかを検討する。

| 実務対応 4 | 繰延税金資産の回収可能性の判断において，スケジューリングにグループ通算制度又は単体納税制度の適用を織り込む。 |

● グループ通算制度の適用を織り込む決算期がいつになるのか（令和2年3月期の決算から対応する必要があるか）とグループ通算制度での回収可能額の計算方法はどうなるのかについて，今後，公表される実務対応報告（ASBJ）

で確認する必要がある。

● 単体納税制度に戻る場合，その適用を織り込む決算期がいつになるのか，つまり，繰延税金資産の変動が生じる決算期を確認する。

　上記を検討する上で確認すべき取扱いは，次のＱ＆Ａで解説しています。

```
Ｑ2-49　グループ通算制度への移行と取りやめ
Ｑ2-50　取りやめはいつからできるのか
Ｑ3-4　グループ通算制度の繰延税金資産の回収可能性
Ｑ3-5　グループ通算制度のスケジューリングの留意点
Ｑ3-6　単体納税制度に戻った場合の繰延税金資産の回収可能性
Ｑ3-7　スケジューリングにおける単体納税制度の適用時期
Ｑ3-8　令和2年3月期の税効果会計の留意点
Ｑ3-10　連結納税制度の見直しに伴う企業会計基準委員会での対応状況
Ｑ4-1　グループ通算制度は現行制度より節税効果が高いのか？
Ｑ4-2　グループ通算制度で事務負担はどこが軽減されるのか？
Ｑ4-3　グループ通算制度でＭ＆Ａはやりやすくなるのか？
Ｑ4-4　グループ通算制度と単体納税制度の有利・不利は？
Ｑ4-6　加入のタイミングによる有利・不利
Ｑ4-7　離脱のタイミングによる有利・不利
Ｑ5-2　連結納税制度からグループ通算制度への移行時の取扱い
Ｑ5-3　連結納税制度から単体納税制度への復帰時の取扱い
Ｑ5-4　グループ通算制度に移行するか？単体納税制度に復帰するか？の判断
　　　　基準
Ｑ5-5　単体納税制度に戻った後にグループ通算制度を採用する場合の留意点
```

Q5-2 連結納税制度からグループ通算制度への移行時の取扱い

既に連結納税制度を採用している企業が，そのままグループ通算制度へ移行した場合，移行時の取扱いはどうなりますか？

A ....

連結納税制度からグループ通算制度への移行時の取扱いは，以下のとおりとなります。

1．連結納税制度の連結法人について，グループ通算制度の移行時に開始・加入の取扱いは適用されない（改正法案の法人税法附則20⑪，27①，30②，31①）。
2．連結納税制度における連結欠損金個別帰属額を，グループ通算制度における繰越欠損金とみなす（改正法案の法人税法附則20①⑦）。この場合，繰越欠損金の帰属事業年度は，その連結欠損金個別帰属額が生じた連結事業年度終了日の属するその連結法人の事業年度となる（改正法案の法人税法附則20①⑦）。また，連結納税制度における特定連結欠損金個別帰属額を，グループ通算制度における特定欠損金額とみなす（改正法案の法人税法附則28③）。
3．連結欠損金の繰越控除制度において更生法人等として連結欠損金の控除限度額を連結欠損金の控除前の連結所得の金額とされていた連結グループ内の子法人は，欠損金の控除限度割合を100％とする更生法人等とみなす。
4．各個別制度についても，連結納税制度からグループ通算制度への移行のための必要な経過措置を講ずる。

上記1の経過措置により，既に連結納税制度を採用している企業は，移行時において，改めて，グループ通算制度の開始・加入時の取扱い（時価評価や繰越欠損金の切捨てなど）は適用されません。

また，上記2の経過措置により，連結納税制度における連結欠損金個別帰属額は，グループ通算制度に移行した後は，自動的に，通算グループ内の各法人の繰越欠損金とみなされ，非特定連結欠損金個別帰属額（SRLYルール非適用）は非特定欠損金（SRLYルール非適用）とみなされ，特定連結欠損金個別帰属額（SRLYルール適用）は特定欠損金（SRLYルール適用）とみなされることになります。

そのため，親法人の開始前の繰越欠損金について，連結納税制度では，非特定連結欠損金個別帰属額として，他の子法人の所得と相殺することで大きな節税効果が生じていますが，グループ通算制度に移行後もその節税効果は維持さ

れることになります。

　そのほかにも，連結納税制度における子法人に対する改組後の投資簿価修正の規定（特に，簿価純資産価額への簿価修正！）の適用の有無なども重要な論点ですが，この点については，今後，法令で明らかになることでしょう。

Q5-3 連結納税制度から単体納税制度への復帰時の取扱い

既に連結納税制度を採用している企業が，単体納税制度に復帰する場合，復帰時の取扱いはどうなりますか？

A ....

　既に連結納税制度を採用している企業が，単体納税制度に復帰する場合，連結納税制度の取りやめとなるため，以下の取扱いとなります。

項目	単体納税制度への復帰時の取扱い
繰越欠損金の引継ぎ	●連結欠損金個別帰属額は単体納税制度に引き継がれる。 ●この場合，繰越欠損金の帰属事業年度は，その連結欠損金個別帰属額が生じた連結事業年度開始日の属するその連結法人の事業年度となる（改正法案の法人税法附則20①⑦）。 ●連結納税開始・加入により切り捨てられた繰越欠損金は離脱後も利用することができない（改正法案の法人税法附則20④⑧）。
保有資産の時価評価	●連結納税開始・加入時に行われた時価評価による加算・減算留保は単体納税制度に引き継がれることとなる。 ●離脱時に時価評価は行われない。
投資簿価修正	連結子法人株式の帳簿価額の修正が当該株式を所有する連結法人で行われる。
譲渡損益調整資産の繰延譲渡損益の実現	移行時も継続して，譲渡法人と譲受法人間で完全支配関係を有しているので，繰延譲渡損益は実現しない。
みなし事業年度	●取りやめ日前後でみなし事業年度を設定し，申告を行う。 ●親法人のみなし事業年度は以下のとおりとなる。 　① 最後の連結事業年度終了日までの期間：連結納税制度 　② 以後，親法人の会計期間：単体納税制度 ●子法人のみなし事業年度は以下のとおりとなる。 　① 最後の連結事業年度終了日までの期間：連結納税制度 　② その終了日の翌日から当該子法人の事業年度終了日までの期間：単体納税制度 　③ 以後，当該子法人の会計期間：単体納税制度

　この場合，連結納税制度から単体納税制度へ復帰するにあたって，復帰時には不利益は生じません。

Q5-4 グループ通算制度に移行するか？　単体納税制度に復帰するか？　の判断基準

> 既に連結納税制度を採用している企業が，グループ通算制度に移行するか，単体納税制度に復帰するかを検討する場合に，どのような観点から判断する必要がありますか？

A ....

　既に連結納税制度を採用している企業が，グループ通算制度に移行するか，単体納税制度に復帰するかを検討する場合，次の点を考慮して決定する必要があります。

【ポイント1】
　現行制度の採用理由は，損益通算の機能の保持にあるか？

　連結納税制度を採用している最大の理由が，将来，どこかのグループ法人で赤字が出た場合でもグループ全体の税負担をミニマムにできるという損益通算の機能を保持することにある場合，言い換えると，企業グループの税負担率を最小化したい場合，そのままグループ通算制度に移行することに経済的合理性があるといえます。

【ポイント2】
　現行制度に節税効果はあるか？

　ここで言う，節税効果は単体納税制度と比較した節税効果ですが，例えば，親法人の開始前の繰越欠損金が全額解消され，現在は全てのグループ法人で所得が生じている場合など，現行時点では，節税効果が生じていない企業グループも存在します。この場合，グループ通算制度においても節税効果が生じないことが予想されるため，単体納税制度への復帰を検討する必要が生じます。

【ポイント3】
　新制度で節税効果は減少しないか？

　現行制度で実現している節税効果が新制度では減少してしまう場合，単体納税制度への復帰を検討する必要が生じます。
　ただし，現行制度の節税効果である損益通算，欠損金の通算，繰越欠損金の

控除限度割合の拡大（50％→100％），外国税額控除及び研究開発税制のグループ調整計算は新制度でも存続します。また，親法人の開始前の繰越欠損金（非特定連結欠損金個別帰属額）も非特定欠損金として引き継がれ，SRLYルールが適用されないことになります。そのため，基本的に現行制度で実現している節税効果は新制度に移行後も実現できるものと思われます。

> **【ポイント4】**
> 　新制度への移行又は単体納税制度への復帰によって繰延税金資産は積増しとなるか？取崩しとなるか？

　新制度に移行する場合又は単体納税制度に復帰する場合，税負担額への影響だけではなく，繰延税金資産の回収可能額が増えるのか，減るのか，変わらないのか，を確認する必要があります。

　グループ通算制度を適用した場合の個別財務諸表と連結財務諸表における繰延税金資産の回収可能性については，今後，ASBJから公表される実務対応報告等で明らかになると思われます。

　ただし，少なくとも，単体納税制度に戻る場合，企業分類又はスケジューリングが悪化することが多く，繰延税金資産の取崩しが発生する可能性が高いと思われます（一方，連結財務諸表において連結納税主体の分類に統一している場合，単体納税制度に戻した方が，繰延税金資産が増加するケースも生じます）。

> **【ポイント5】**
> 　新制度への移行又は単体納税制度への復帰によって事務負担はどれだけ変わるのか？

　新制度では，損益通算，欠損金の通算，外国税額控除，研究開発税制のグループ調整計算が残りますが，それ以外のグループ調整計算は廃止されるため，現行制度と比べて明らかに事務負担が軽減されることになります。また，税務調査の対応や修正・更正の手続についても事務負担が軽減されます。

　そのため，現行制度から新制度に移行しやすい環境になります。

　ただし，あくまで単体納税制度と比較すると，新制度であっても，損益通算等のグループ調整計算や繰延税金資産の回収可能額の全体計算などがあり，事務負担が重いことは間違いありません。

　そのため，事務負担の軽減を最優先課題とする企業では，単体納税制度に復

帰することを検討する必要があります。

　一方，現行制度の事務負担が問題ないと考える企業にとっては，新制度への移行はむしろ事務負担の軽減につながることから，単体納税制度へ復帰する理由にはならないでしょう。

　以上をフローチャートにまとめると次のとおりです。

[図表　グループ通算制度に移行するか，単体納税制度に戻るか？のフローチャート]

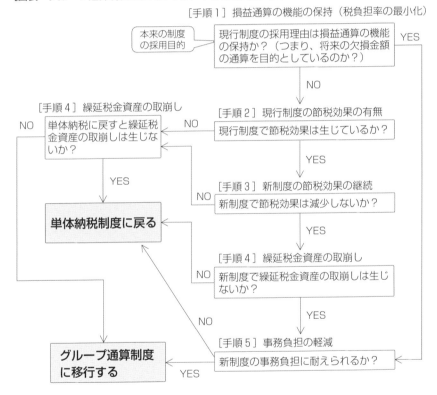

Q5-5 単体納税制度に戻った後にグループ通算制度を採用する場合の留意点

既に連結納税制度を採用している企業が，一度，単体納税制度に戻っておいて，その後，グループ通算制度を採用する場合，どのような留意点がありますか？

A ....

既に連結納税制度を採用している企業が単体納税制度に戻る場合，最後の連結納税の事業年度終了日の翌日から同日以後5年を経過する日の属する事業年度終了日までの期間を経過しないとグループ通算制度の採用ができません（改正法案の法人税法附則29③）。

また，既に連結納税制度を採用している企業が，グループ通算制度に移行せず，単体納税制度に戻っておいて，その後，グループ通算制度を採用する場合，改めてグループ通算制度の開始時の取扱いが適用されることになるため，そのままグループ通算制度に移行する場合と比べて不利益が生じることになります。

具体的には，次に掲げる不利益を受けることになります。

① 親法人又は子法人の時価評価による含み益課税
② 親法人又は子法人の開始前の繰越欠損金の切捨て
③ 親法人又は子法人の含み損等の利用制限
④ 親法人又は子法人の開始前の繰越欠損金のSRLYルールの適用

したがって，仮に，事務負担の重さを嫌って単体納税制度に戻りたい場合であっても，短期間でグループ通算制度に戻る可能性がある場合は，単体納税制度への復帰を慎重に判断する必要があります。

[図表　単体納税制度に戻った後にグループ通算制度を採用する場合の取扱い]

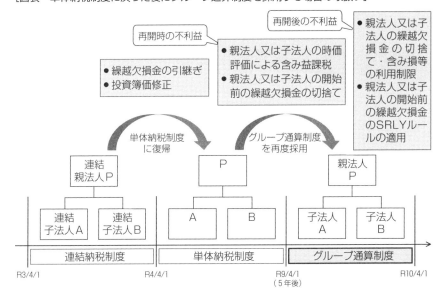

第**6**章

連結納税採用予定
企業が押さえて
おくべきポイント

Q6-1 連結納税採用予定企業における実務上の留意点

これから連結納税制度を採用する予定の企業は，グループ通算制度の創設について，実務上，どのような留意点がありますか？

A ....

これから連結納税制度を採用する予定の企業は，グループ通算制度の創設に伴い，次のような実務対応が必要となります。

実務対応 1	採用を取りやめるかどうかを検討する。

- グループ通算制度への移行によって当初見込んでいた節税効果が減少するかどうかを検討する。
- グループ通算制度への移行時に不利益を受けないかを確認する。
- グループ通算制度への移行によって繰延税金資産の回収可能額が変動しないかを検討する。

実務対応 2	連結納税制度とグループ通算制度のどちらで開始するかを検討する。

- 連結納税制度とグループ通算制度で，開始・加入時の時価評価及び繰越欠損金の取扱いが異なるため，どちらで開始した方が不利益を受けないかを検討する。
- みなし連結欠損金のグループ通算制度への移行後の取扱いを確認する。
- 繰越欠損金の早期解消のためには1年でも早く開始した方が有利となる。
- 連結納税制度とグループ通算制度で決算・申告の事務フローが異なる点についても考慮する。

実務対応 3	連結納税制度の採用後に単体納税制度に戻るかどうかを検討する。

- 連結納税制度への移行によって当初見込んでいた節税効果が減少する場合でも，グループ通算制度の移行直前まで連結納税制度を採用することで節税効果を享受することを検討する。
- ただし，単体納税制度⇒連結納税制度⇒単体納税制度に移行することにより，繰延税金資産の回収可能額が毎年度変動する可能性がある。

上記を検討する上で確認すべき取扱いは，次のQ&Aで解説しています。

Q6-2 連結納税制度を取りやめるかどうか？　の判断基準

これから連結納税制度を採用する予定の企業は，グループ通算制度の創設によって，その採用を取りやめる必要がありますか？

A ....

　これから連結納税制度を採用する予定の企業は，連結納税制度の節税効果がグループ通算制度に移行した後も実現するかについてのシミュレーションが必要になります。

　ただし，連結納税制度の節税効果である以下の取扱いについては，グループ通算制度においても，同様に実現できるため，基本的に，グループ通算制度の創設によっても，採用の判断を変える必要はないものと思われます。

● 損益通算
● 欠損金の通算
● 子法人の開始前の繰越欠損金の控除限度額の拡大（50%→100%）
● 研究開発税制及び外国税額控除のグループ調整計算による税額控除額の拡大

　また，現時点の公表資料を見る限り，連結納税制度からグループ通算制度への移行時に不利な取扱いは生じないことが予想されます。

　同様に，繰延税金資産についても，グループ通算制度でも損益通算ができることから，連結納税制度からグループ通算制度への移行によって回収可能額が大幅に減少することはないものと思われます。

　ただし，開始時の時価評価及び繰越欠損金の取扱いについては，連結納税制度とグループ通算制度で取扱いが異なるため，いつ採用するか？については検討の必要があります。

連結納税制度とグループ通算制度のどちらで開始するか？　の判断基準

これから連結納税制度を採用する予定の企業は，連結納税制度とグループ通算制度のどちらで適用を開始すべきですか？

A　……………………………………………………………………………………

　これから連結納税制度を採用する予定の企業について，現行制度で開始すべきか，新制度で開始すべきか，を判断するためには，次の点を考慮して節税効果と繰延税金資産のシミュレーションを行う必要があります（詳細はＱ３－９，Ｑ４－５参照）。

① 　親法人の開始前の繰越欠損金がある場合は，SRLYルールが適用さないため，現行制度で開始した方が節税効果が大きい。

② 　親法人の開始前の繰越欠損金がある場合は，SRLYルールが適用さないため，現行制度で開始した方が繰延税金資産の回収可能額が増加する。

③ 　新制度で開始すると，親法人の時価評価又は繰越欠損金の切捨て（開始・加入後に生じる繰越欠損金の切捨て，含み損等の利用制限を含む）が生じる場合がある（ただし，限定的である）。

④ 　新制度で開始した方が，子法人の時価評価又は繰越欠損金の切捨て（開始・加入後に生じる繰越欠損金の切捨て，含み損等の利用制限を含む）が生じない場合が多い。

⑤ 　企業グループ内の繰越欠損金を早期に解消したい場合は，連結納税制度で開始した方がよい。

⑥ 　外国税額控除又は研究開発税制の節税効果を早期に実現したい場合は，連結納税制度で開始した方がよい。

　また，事務負担の観点からは，連結納税制度を一度だけ採用するよりも，最初からグループ通算制度で開始した方が効率がよいでしょう。

　以上をフローチャートにまとめると次のとおりです。

［図表　連結納税制度とグループ通算制度のどちらで開始するか？　のフローチャート］
【パターン１】親法人の開始前の繰越欠損金がある場合

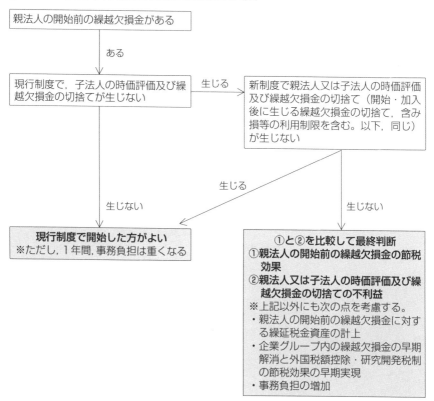

［図表　連結納税制度とグループ通算制度のどちらで開始するか？　のフローチャート］

【パータン2】親法人の開始前の繰越欠損金がない場合

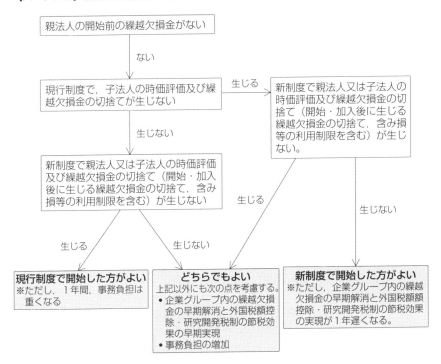

Q6-4 連結納税制度の採用後に単体納税制度に戻るかどうか？の判断基準

これから連結納税制度を採用する予定の企業が，連結納税制度の採用後に，グループ通算制度に移行するか，単体納税制度に復帰するかを検討する場合に，どのように判断をする必要がありますか？

A ....

これから連結納税制度を採用する予定の企業が，連結納税制度の採用後に，グループ通算制度に移行するか，単体納税制度に復帰するかの判断基準は，既に連結納税制度を採用している場合と同様の考え方になります（Q5-4参照）。

現実的には，以下のような状況の企業が，連結納税制度の採用後に単体納税制度に戻ることを検討することになります。

● 企業グループ内の繰越欠損金を早期に解消したいが，1回（最大2回）の連結納税制度である程度解消できる。
● 将来的にはグループ通算制度の節税効果は失われる。
● 長期的には事務負担の増加を回避したい。
● 単体納税制度に戻しても繰延税金資産の取崩しが生じない。

ただし，将来，再びグループ通算制度を採用したい場合，5年間再開できず，改めてグループ通算制度の開始時の取扱いが適用されることになるため，そのまま新制度に移行する場合と比べて不利益が生じる可能性があります（Q5-5参照）。

第 7 章

現在，連結納税を採用する予定がない企業が押さえておくべきポイント

Q7-1 現在，連結納税を採用する予定がない企業における実務上の留意点

現在，連結納税制度を採用する予定がない企業は，グループ通算制度の創設について，実務上，どのような留意点がありますか？

A

現在，連結納税制度を採用する予定がない企業は，グループ通算制度の創設に伴い，次のような実務対応が必要となります。

実務対応1	グループ通算制度を採用するかどうかを検討する。

- 連結納税制度より事務負担が減るため，改めてグループ通算制度を採用するかどうかを検討する。
- その際，グループ通算制度における節税効果の試算と繰延税金資産の試算を行う必要がある。

実務対応2	連結納税制度とグループ通算制度のどちらで開始するかを検討する。

- 連結納税制度とグループ通算制度で，開始・加入時の時価評価及び繰越欠損金の取扱いが異なるため，どちらで開始した方が不利益を受けないかを検討する。
- みなし連結欠損金のグループ通算制度への移行後の取扱いを確認する。
- 繰越欠損金の早期解消のためには1年でも早く開始した方が有利となる。
- 連結納税制度とグループ通算制度で決算・申告の事務フローが異なることについても考慮する。

上記を検討する上で確認すべき取扱いは，次のQ＆Aで解説しています。

〈著者紹介〉

足立　好幸（あだち　よしゆき）

公認会計士・税理士　税理士法人トラスト

連結納税制度・組織再編税制を専門にグループ企業の税制最適化，企業グループ税制に係る業務を行う。
著書に，『連結納税清算課税ケーススタディ』『連結納税の組織再編税制ケーススタディ』『ケーススタディでわかる連結納税申告書の作り方』『連結納税の欠損金Q&A』『連結納税導入プロジェクト』『連結納税の税効果会計』（以上，中央経済社），『連結納税採用の有利・不利とシミュレーション』『グループ法人税制Q&A』『M&A・組織再編のスキーム選択』（以上，清文社）など。

早わかり　連結納税制度の見直しQ&A
―グループ通算制度の創設で何が変わる？

2020年3月15日　第1版第1刷発行
2021年7月10日　第1版第3刷発行

著　者　足　立　好　幸
発行者　山　本　　　継
発行所　㈱中央経済社
発売元　㈱中央経済グループ
　　　　パブリッシング

〒101-0051　東京都千代田区神田神保町1-31-2
電　話　03 (3293) 3371 (編集代表)
　　　　03 (3293) 3381 (営業代表)
https://www.chuokeizai.co.jp
製版／三英グラフィック・アーツ㈱
印刷／三　英　印　刷　㈱
製本／㈲　井　上　製　本　所

© 2020
Printed in Japan

*頁の「欠落」や「順序違い」などがありましたらお取り替えいたしますので発売元までご送付ください。（送料小社負担）

ISBN978-4-502-33961-5　C3034

● 実務・受験に愛用されている読みやすく正確な内容のロングセラー！

定評ある税の法規・通達集シリーズ

所得税法規集
日本税理士会連合会 編
中央経済社

❶所得税法 ❷同施行令・同施行規則・同関係告示 ❸租税特別措置法(抄) ❹同施行令・同施行規則・同関係告示(抄) ❺震災特例法・同施行令・同施行規則(抄) ❻復興財源確保法(抄) ❼復興特別所得税に関する政令・同省令 ❽災害減免法・同施行令(抄) ❾国外送金等調書提出法・同施行令・同施行規則・同関係告示

所得税取扱通達集
日本税理士会連合会 編
中央経済社

❶所得税取扱通達(基本通達／個別通達) ❷租税特別措置法関係通達 ❸国外送金等調書提出法関係通達 ❹災害減免法関係通達 ❺震災特例法関係通達 ❻索引

法人税法規集
日本税理士会連合会 編
中央経済社

❶法人税法 ❷同施行令・同施行規則・法人税申告書一覧表 ❸減価償却耐用年数省令 ❹法人税法関係告示 ❺地方法人税法・同施行令・同施行規則・同関係告示 ❻租税特別措置法(抄) ❼同施行令・同施行規則・同関係告示 ❽震災特例法・同施行令・同施行規則(抄) ❾復興財源確保法(抄) ❿復興特別法人税に関する政令・同省令 ⓫租税透明化法・同施行令・同施行規則

法人税取扱通達集
日本税理士会連合会 編
中央経済社

❶法人税取扱通達(基本通達／個別通達) ❷租税特別措置法関係通達(法人税編) ❸連結納税基本通達 ❹租税特別措置法関係通達(連結納税編) ❺減価償却耐用年数省令 ❻機械装置の細目と個別年数 ❼耐用年数の適用等に関する取扱通達 ❽震災特例法関係通達 ❾復興特別法人税関係通達 ❿索引

相続税法規通達集
日本税理士会連合会 編
中央経済社

❶相続税法 ❷同施行令・同施行規則・同関係告示 ❸土地評価審議会令・同省令 ❹相続税法基本通達 ❺財産評価基本通達 ❻相続税法関係個別通達 ❼租税特別措置法(抄) ❽同施行令・同施行規則・同関係告示 ❾租税特別措置法(相続税法の特例)関係通達 ❿震災特例法・同施行令・同施行規則(抄)・同関係告示 ⓫震災特例法関係通達 ⓬災害減免法・同施行令(抄) ⓭国外送金等調書提出法・同施行令・同施行規則・同関係通達 ⓮民法(抄)

国税通則・徴収法規集
日本税理士会連合会 編
中央経済社

❶国税通則法 ❷同施行令・同施行規則・同関係告示 ❸同関係通達 ❹租税特別措置法・同施行令・同施行規則 ❺国税徴収法 ❻同施行令・同施行規則 ❼滞調法・同施行令・同施行規則 ❽税理士法・同施行令・同施行規則・同関係告示 ❾電子帳簿保存法・同施行規則・同関係告示・同関係通達 ❿行政手続オンライン化法・同国税関係法令に関する省令・同関係告示 ⓫行政手続法 ⓬行政不服審査法 ⓭行政事件訴訟法(抄) ⓮組織的犯罪処罰法(抄) ⓯没収保全と滞納処分との調整令 ⓰犯罪収益規則(抄) ⓱麻薬特例法(抄)

消費税法規通達集
日本税理士会連合会 編
中央経済社

❶消費税法 ❷同別表第三等に関する法令 ❸同施行令・同施行規則・同関係告示 ❹消費税法基本通達 ❺消費税申告書様式等 ❻消費税法等関係取扱通達等 ❼租税特別措置法(抄) ❽同施行令・同施行規則(抄)・同関係通達 ❾消費税転嫁対策法・同ガイドライン ❿震災特例法・同施行令(抄)・同関係告示 ⓫震災特例法関係通達 ⓬税制改革法等 ⓭地方税法(抄) ⓮同施行令・同施行規則(抄) ⓯所得税・法人税政省令(抄) ⓰輸徴法令 ⓱関税法令(抄) ⓲関税定率法令(抄)

登録免許税・印紙税法規集
日本税理士会連合会 編
中央経済社

❶登録免許税法 ❷同施行令・同施行規則 ❸租税特別措置法・同施行令・同施行規則(抄) ❹印紙税法 ❺同施行令・同施行規則 ❻印紙税法基本通達 ❼租税特別措置法・同施行令・同施行規則(抄) ❽印紙税額一覧表 ❾震災特例法・同施行令・同施行規則(抄) ❿震災特例法関係通達等

中央経済社